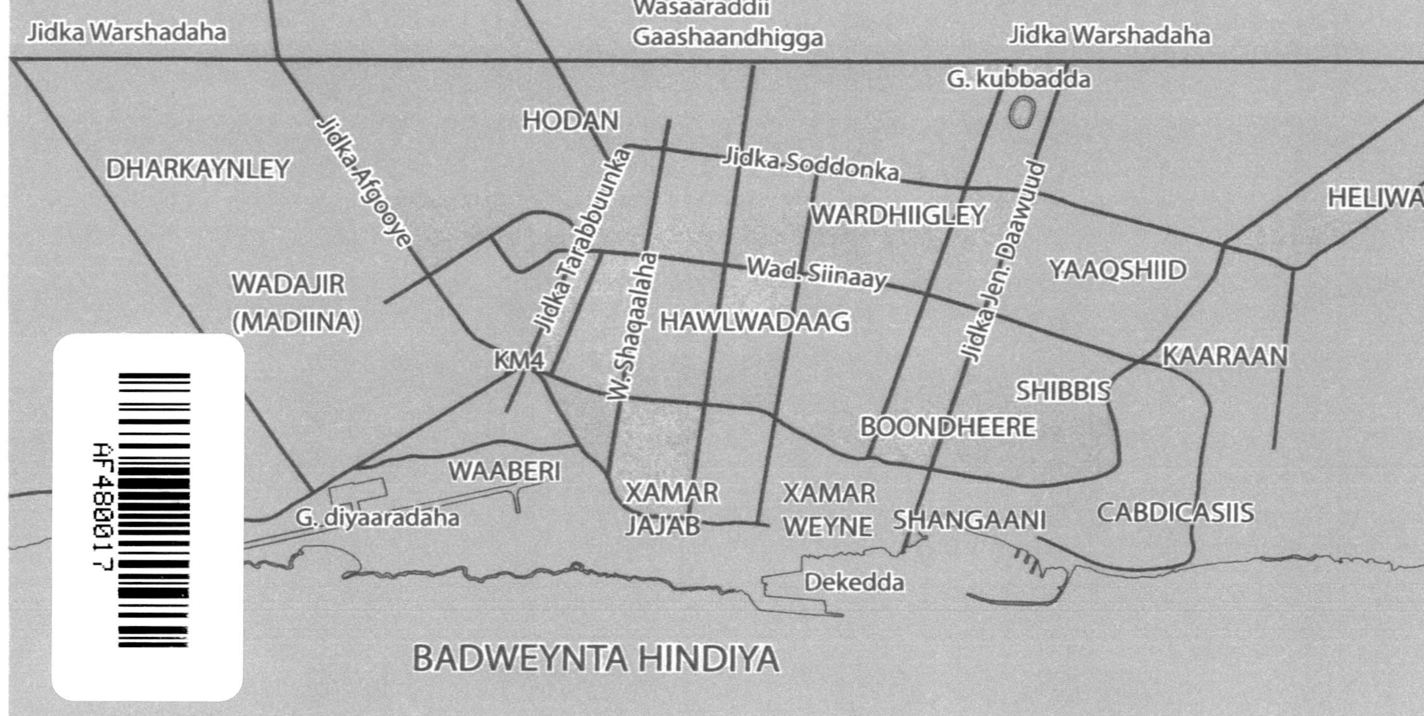

Khariidadadii Muqdisho ee 1991
DAYNIILE
Jidka Warshadaha
Wasaaraddii Gaashaandhigga
Jidka Warshadaha
G. kubbadda
HODAN
DHARKAYNLEY
Jidka Afgooye
Jidka Soddonka
WARDHIIGLEY
HELIWAA
Jidka Tarabbuunka
Wad. Siinaay
YAAQSHIID
WADAJIR (MADIINA)
W. Shaqaalaha
HAWLWADAAG
Jidka Jen. Daawuud
KM4
KAARAAN
SHIBBIS
BOONDHEERE
WAABERI
G. diyaaradaha
XAMAR JAJAB
XAMAR WEYNE
SHANGAANI
CABDICASIIS
Dekedda
BADWEYNTA HINDIYA

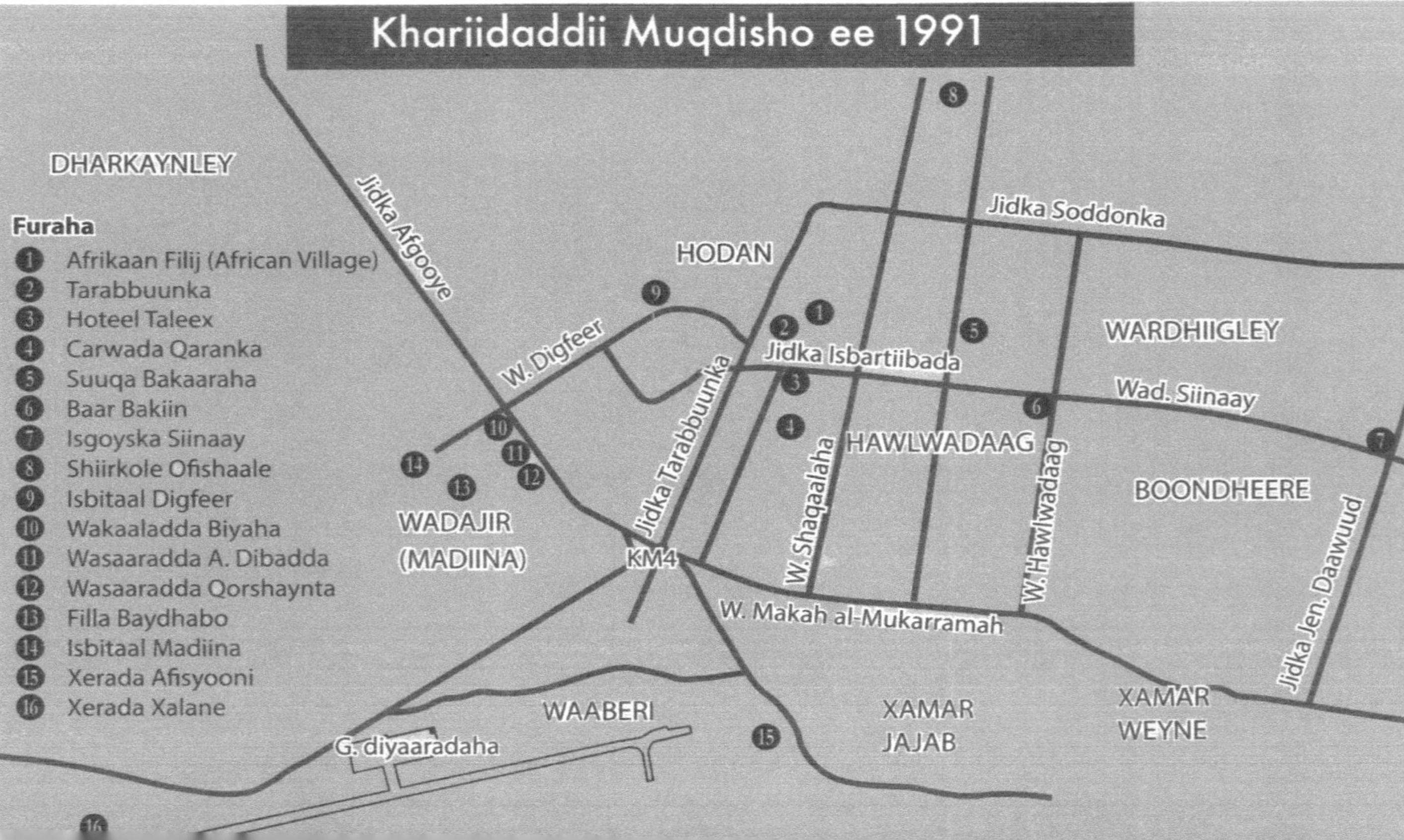
Khariidaddii Muqdisho ee 1991
Furaha
1 Afrikaan Filij (African Village)
2 Tarabbuunka
3 Hoteel Taleex
4 Carwada Qaranka
5 Suuqa Bakaaraha
6 Baar Bakiin
7 Isgoyska Siinaay
8 Shiirkole Ofishaale
9 Isbitaal Digfeer
10 Wakaaladda Biyaha
11 Wasaaradda A. Dibadda
12 Wasaaradda Qorshaynta
13 Filla Baydhabo
14 Isbitaal Madiina
15 Xerada Afisyooni
16 Xerada Xalane
DHARKAYNLEY
HODAN
Jidka Afgooye
W. Digfeer
Jidka Soddonka
WARDHIIGLEY
Jidka Isbartiibada
Wad. Siinaay
BOONDHEERE
WADAJIR
(MADIINA)
Jidka Tarabbuunka
KM4
W. Shaqaalaha
HAWLWADAAG
W. Makah al-Mukarramah
W. Hawlwadaag
Jidka Jen. Daawuud
WAABERI
G. diyaaradaha
XAMAR
JAJAB
XAMAR
WEYNE

KALAHAADKII MUQDISHO

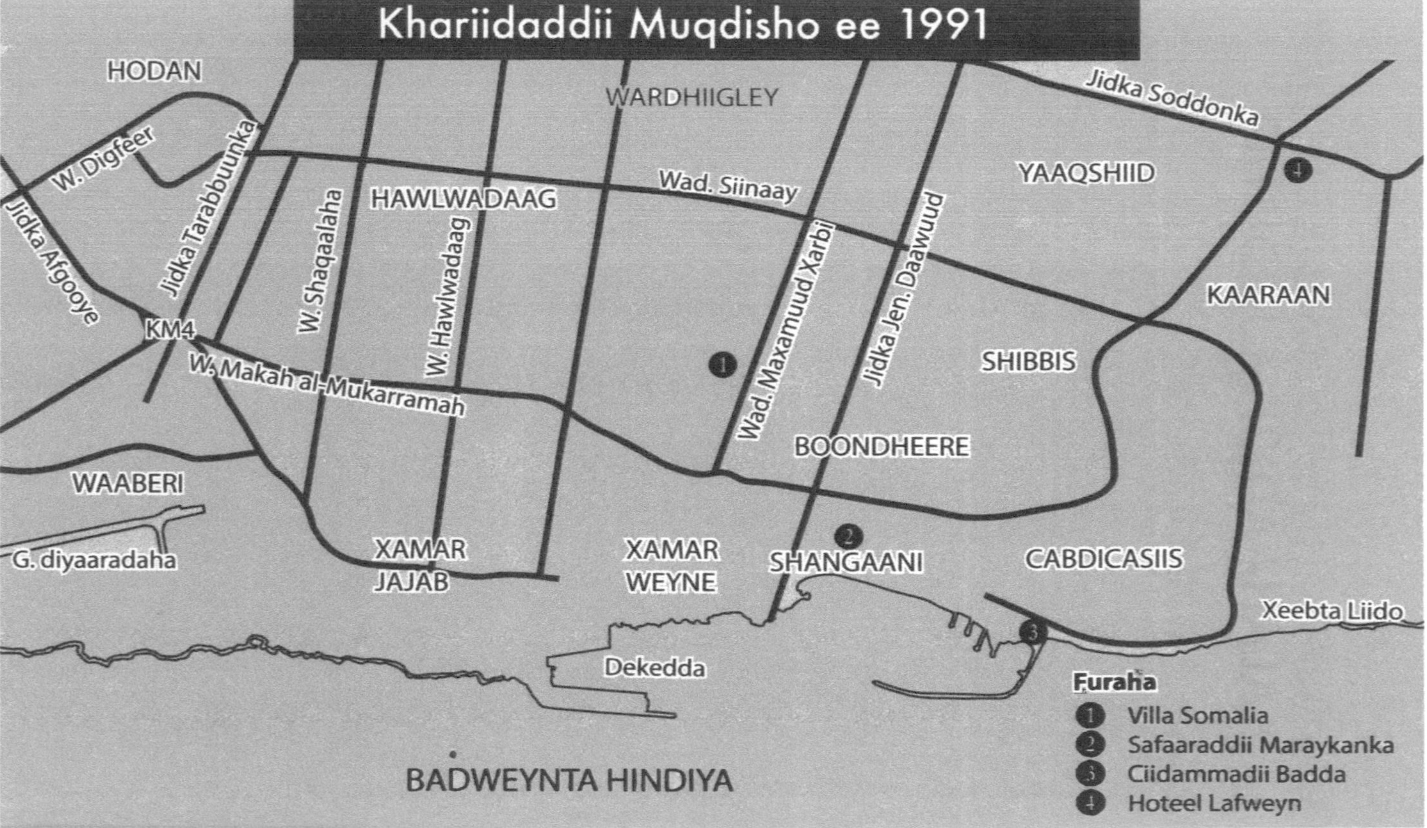
Khariidaddii Muqdisho ee 1991
HODAN
WARDHIIGLEY
Jidka Soddonka
W. Digfeer
Jidka Afgooye
Jidka Tarabbuunka
W. Shaqaalaha
HAWLWADAAG
Wad. Siinaay
YAAQSHIID
KM4
W. Hawlwadaag
Wad. Maxamuud Xarbi
Jidka Jen. Daawuud
KAARAAN
W. Makah al-Mukarramah
SHIBBIS
BOONDHEERE
WAABERI
G. diyaaradaha
XAMAR JAJAB
XAMAR WEYNE
SHANGAANI
CABDICASIIS
Xeebta Liido
Dekedda
BADWEYNTA HINDIYA
Furaha
Villa Somalia
Safaaraddii Maraykanka
Ciidammadii Badda
Hoteel Lafweyn

KALAHAADKII MUQDISHO

Xusuusaha Dagaalkii Sokeeye ee
Soomaaliya 1991

YUUSUF MAXAMAD XAYD

TARJUMID

BOODHARI WARSAME

Dhigaalka, naqshadaynta, iyo qaabaynta jaldiga:
Xuxammad Yusuf
ISBN 979-8-88722-111-3

TUSMO

KALAHAADKII MUQDISHO XII

MAHADNAQ

Dad badan ayaa gacan iga siiyay qoridda buuggan. Ma aysan ii suuragasheen in aan dhammeeyo qoridda buuggan la'aanta taageerada iyo taakulada dad badan oo waxtarkooda aan si aad ah uga mahadnaqayo. Waxa aan si gaar ah oo qotodheer ugu mahadnaqayaa dadkan kala ah: Qoyskayga, Baresare Lidwien E. Kapteijns, Md. Mau Van Duran, Md. Cabdikariin Xasan (Wardheernews.com), Md. Abukar Xasan, Deborah Allen, iyo dhammaan ehelka iyo qaraabada, saaxiibbada, iyo intii kale ee taageerada ii fidisay.

Waxaan aad ugu mahadnaqayaa qoraa Boodhari Warsame oo buuggan oo asalkiisu af Ingiiriisi ahaa u beddelay af Soomaali. Sidaas oo kale, waxaan u mahadnaqayaa agaasimaha Garanuug, Muxammad Yuusuf oo soo jeediyey in buugga la tarjumo, kana masuul ah tifaftirka iyo soosaaridda buuggaba.

Mahadsanidiin.
Yuusuf M. Xayd
Qoraaga

EREYGA TARJUMAHA

Fursad qaali ah iyo waxbarasho hor leh ayay ii ahayd in qoraa Yuusuf Maxamad Xayd ugu horrayn iyo faafiye Muxammad Yuusuf ay igu aamminaan in aan af Soomaali u tarjumo buugga qoraagu asalkiisa afka Ingiriisa ku qoray ee magaciisu yahay *Out of Mogadishu: A Memoir of the Somali Civil War in 1991*.

Shaqooyinka tarjumaanidda ee aan qabto, mid kasta wax aanan illoobin ayaan ku xusuustaa, mid kastana waaya-aragnimo hor leh oo qof ahaantayda iyo shaqadaydaba horumarisa ayaan ka helaa. Buuggan oo magaciisa af Soomaaliga ah loo baxshay *Kalahaadkii Muqdisho: Xusuusaha Dagaalkii Sokeeye ee Soomaaliya 1991*, waxa aanan ku illoobi doonin in uu dhacdooyin aan dhex joogay halkii ay ka dhacayeen aananse wada weelayn karayn waagaa uu dib ii xusuusiyo oo ii sharraxo sidii dhabta ahayd ee wax u dhaceen iyo sabibihii ka dambeeyay. Sannadkii 1991 iyo qaraxii Dagaalka Sokeeye ee Soomaaliya goobjoob ayaan u ahaa, si toos ah iyo si dadbanna aniga iyo xigtadayada oo dhan waa uu u saameeyay, in kasta oo aanay dhibaato la sheegaa iga soo gaarin qof ahaan, marka loo eego foolxumooyinkii kala duwanaa ee kumaannaan Soomaali ah, gaar ahaan reer Muqdisho, ay ka muteen colaaddaa ba'nayd. Waxaan ka mid ahaa kumaankunkii Soomaalida ahaa ee colaaddaasi barakicisay, ka dibna dunida dacalladeeda u kala cararay. Sannadkii 1991 ka dib, Dalka Hooyo muddo gaaban uun ayaan sii joogay, dabadeedna ilaa intaa adduunka daafihiisa ayaan wareegayay, welina ma sal dhigan. Dalkaygii Hooyo, dadkaygii iyo saaxiibbaday, dhaqankaygii, aqoonsigaygii ummadnimo, iyo ku dhowaad wax kasta oo aan aqaannay, qiimayn jiray kuna kalasoonaa noloshayda ayaan dibadwareeg ka noqday, ilaa haddana sidii qurbe u wareegayaa. Dad iyo dalba, weli sidii ayaa dhacdadaa niyadjabka lahayd loo la jahawareersan yahay, gude iyo dibadba.

Magaca *Kalahaad* isla markiiba waa uu i soo jiitay oo i xiisageliyay, aniga oo ka dhadhaminaya waaya-aragnimadayda qof ahaaneed, maadaama aan ku indho furtay firxadkii iyo kala irdhowgii ummadda Soomaaliyeed meel ay joogtaba ay ka qaadday Dagaalkii Sokeeye ee Soomaaliya. Waxaa isla markiiba igu soo dhacay ereyga qalaad ee hadda Soomaalida dhexdeeda ka hirgalay ee *diaspora* la yiraahdo. Ereygaa asalkiisa afka Giriigga ku noqonaya *firxad* ama *firdhad* aadna ugu caanbaxay ummado kalahaadka ilaa qarniyo nagaga horreeyay oo dhacdooyin kala firdhiyaa ay la soo gudboonaadeen. Waxaa dhacdoonyinkaa ka mid ah dagaallo sokeeye, colaado ummado kale kala dhexeeyay, addoonsi, gumeysi, abaaro lagu hoobtay, iyo inta la halmaasha. Intaa ayay intii samatabaxday ka carareen oo duni iyo dalal aanay u dhalan naftu ku khasabtay in ay u qaxaan oo xataa qaarkood boqollaal sano ku qaadatay in ay xaaladdaa ku noolaadaan oo iska dhaxlaan, ilaa waagan la joogana qaarkood aanay dib ugu laaban guryahoodii asalka ahaa. Kalahaadka Soomaalidu Muqdisho ama reer Muqdisho oo keli ah kuma dhicin e, magaalo, gobol, iyo dal kasta oo ay Geeska Afrika Soomaali ka degto oodda ayaa la jabsaday, markii dawladdii Soomaaliya ee la wada fiirsanayay ay afgembi u dhacday. Waxaa lala kala haaday xusuuso xun, uurkutaallooyin, iyo murugo aan xad lahayn, aanooyin la kala tirsanayo, iyo nabarro kuwo maskaxeed iyo jireedba isugu jira oo aan ilaa waagan dhaymo waafi ah loo helin.

Haddaba, intii aan buuggan tarjumayay waxaan galay safar dheer oo ay naftaydu u baahnayd, kaa oo aan xaqiiqooyin badan ku ogaaday, ogaanshahaasina meelo i balbalayay haddiiba aanu ii wada bogsiin aan dhaymmo ka helay. Waxaan jawaabo u helay su'aalo faro badan oo aan qabay ayna ka mid yihiin: horta, maxay ahaayeen wixii taariikhda baalashadeeda gudcurka ah inoo galay ee qarankii Soomaaliyeed guud ahaan, gaar ahaanna magaalamadaxdiisii iyo dadkeedii ku dhacay? Sidee wax u dhaceen? Yaa ka dambeeyay? Wixii dhacay yaa eeddooda ama masuuliyaddooda horrayso iyo dambaysaba qaadaya? Maxay ahaayeen fursadihii qaaliga ahaa ee dhacdadaa lagu baajin karay se la dayacay? Xusuusashadu—iyo waliba goobjoogayaashii sida firfircoon uga war hayay in ay ka hadlaan oo wax ka qoraan—maxay muhiim u tahay, maxayse inoogu taal oo ina taraysaa qof ahaan iyo qaran ahaanba?

Intaa oo wayddiimood iyo in ka sii badan ayaan si uun jawaabo ugu helay. Waxaan ogaa waan qiray, in aan maqlay waan xaqiiqsaday, in aad iyo aad u badan oo aanan ogeynna waan bartay. Intaa ayaan si gaar ah ugu xusuusan doona tarjumidda buuggan.

Waxaan mahadinayaa qoraa Yuusuf Maxamad Xayd oo isaga ruuxiisu in badan oo uu jeclaa dad, duunyo, iyo dalba ku waayay colaaddii Dagaalka Sokeeye ee Soomaaliya, siiba dagaalladii Muqdisho ka dhacayey bilowgii 1991'kii. Sidaa oo ay tahay, waxa uu ku dhiirraday oo u si geesinnimo leh uga taariikheeyay dhacdooyinkii xanuunka lahaa ee uu waagaa imtixaannaa u soo joogay. Waxaan rejaynayaa in dad badan oo goobjoogayaal u ahaa waayadaa wixii dal iyo dad nasiibdarro ku dhacayay ay ku dhiirradaan in ay xusuusahooda qoraal u rogaan, si inta joogta iyo jiilasha soo socdaaba wax uga bartaan oo ay wax ugu qaataan.

Kalahaadkii Muqdisho waa xusuusreeb goobjoobe. Buuggani waxa uu ku saabsan yahay xusuusaha uu qoraagu markhaatiga ka ahaa ee bilowgii Dagaalkii Sokeeye ee Soomaaliya iyo saamayntii ba'nayd ee naf iyo maalba galaafatay ee uu ku yeeshay magaalada Muqdisho iyo dadkii deggenaa. Waxa uu qoraagu akhristaha dhex joojinayaa Muqdisho, magaalamadaxda Soomaaliya, oo xilligaa dagaal lagu hoobtay oo isaga oo kale aan hore loo arag uu ka bilowday. Dad iyo duunyaba muddo gaaban ayaa silic iyo saxariiraha laga waraabshay. Sharaftii, bilicdii, iyo nabadgelyadii ay Muqdisho lahayd ayaa sidii in aanay waligeedba intaa midna yeelan loo rogay. Taliskii xukunka ku dhegganaa ee Soomaaliya iyo jabhado ay muddo isku marnaayeen ayaa ugu dambayn magaalamadaxdii ummadda isla soo galay oo dagaal aan xeer iyo xigaalo midna dhowrayn magaaladii la isku la galgashay. Muddo gaaban gudaheed ayaa uu dagaalkii dawladda iyo jabhadaha u dhexeeyay weji qabiil oo foolxun la soo baxay, ka dib markii canaasiir dagaal-oogayaal ahaa oo labada dhinac ka socday ay danahooda gurracan ka dhex arkeen in ay dadkii magaalada wada degganaa qabiilba mid kale qaniinsiiyaan, derisba mid kale ku diraan, dhismayaashii magaalada burburiyaan, hantidii qaranka iyo tii gaar ahaaneedna la boobo.

Waxaa si wadajir ah loogu dhiiqsaday falal iyo xadgudubyo tiro beelay oo diinta suubban, aadannimada, iyo Soomaalinnimadaba ka baxsan, kuwaa oo ay ka mid ahaayeen dil, dhac, kufsi, iyo barakicin kumannaan kun oo aan waxba galabsan loo geystay. Waxaa dhacday in qarannimadii, madaxbannaanidii, waddaniyaddii, iyo qabkii Soomaalinnimo majaha loo rogay oo ceel baas oo aanay guntiisu dhowayn lagu shalwiyay!

Waxaa intaa dheeraa, fursadihii aan muhimmaddooda la qiyaasi karayn ee Soomaalida iyo beesha caalamkuba ay dayaceen, kuwaa oo musiibada lagu baajin karay, ama ugu yaraan lagu xakamayn karay, intii aanay talo faro ka haadin! Ugu dambayn, waxaa la mutay in Muqdisho oo bahalagaleen aad u khatar badan noqotay lagu kala qaxo oo cidiba dhan uga haaddo—meeshii kale ee dunida ceshataba.

Midna in la ogaado oo la qiro waa ay habboon tahay, sida qoraaguba u sheegay, waana dadnimo iyo rejo bilowgeed. Waa xaqiiqada ah in Soomaali dhib aanay isu geysan aan loo geysan, masuuliyadda Dagaalka Sokeeye ee Soomaaliya iyo burburkii ka dambeeyay ee ilaa waagan lala ciirciirayana Soomaalida oo qur ah ayaa ay dusha u saaran tahay. In la qoro wixii dhacay oo inta maanta joogtaa xusaan oo xusuustaan jiilasha dambana la gaarsiiyo ayaa qayb weyn ka ah masuuliyaddaa culus qaaddideeda. In wixii dhacay iyo gefafkii la galay la qiro lana caddeeyo oo daaha laga rogo, dabadeedna laga doodo oo la falanqeeyo ayaa iyaduna qayb ka ah ka bogsashada nafsadeed iyo ka soo kabashada guud aahaaneed ee dhaawacyada muuqda iyo kuwa qarsoon ee laga dhaxlay Dagaalkii Sookeeye ee Soomaaliya.

Taariikhdaa xanuunka badan ee goobjoogayaasha Soomaalida ah ee wax ka qoray ay aad u kooban yihiin ayuu qoraa Yuusuf Maxamad Xayd dhigaal dhaxalgal ah ka reebay. Taariikhi waa taariikh, ha samaato ama ha xumaato e, ujeedkeeduna waa in wax lagu qaato oo berri shalay aan la mahadin dhaanta lagu doono.

Kalahaadkii Muqdisho iyo "waa la isu soo noqon, wixii nool adduunyada."

MAHADNAQ

Tarjumidda, tifaftirka, ka talabixinta, did u eegidda, qaabaynta iyo soosaaridda buuggan, intii si toos ah iyo si dadbanba uga qaybqaatay mahad ballaaran ayaa guud ahaan looga naqayaa. Waxaa mahad ballaaran mudan qoraa Yuusuf Maxamad Xayd oo buugga asalka ah hore af Ingiriisi ugu qoray, aadna isaga xilsaaray in uu kaydiyo oo dhigaal ku sugo xusuuso waayo iyo dhacdooyinkood aad muhiim ugu ah dhigaalka taariikhda ummadeed ee Soomaalida. Haddii aanu buuggaasi jiri lahayn, kanina ma jireen, waana taa sababta aad buuggan ku hor yaal iyo tagtada taariikheed ee uu xusayaa adigan akhrinaya iyo in kale oo sida la rejaynayo kaaga dambayn doonataba ku gaarayso. Halkaa waxaa ka cad in murtida oranaysa "wixii la qoraa quruumo haree, muxuu hadal qiime leeyahay" ay dhabta ku salaysan tahay.

Dagaalkii Sokeeye ee Soomaaliya iyo siyaalihii uu Muqdisho u saameeyay in badan ayaa afka la isaga sheegay dhab iyo dheelba, intaa afka la isaga sheegayna kutirikuteenno badan iyo mala-awaallo aan dhabtii dhacday ku salaysnayn ama ka badbadin iyo dhimid labadaba leh ayaa ku badan. Sidaa awgeed, in dhacdooyinka dhacaya iyo weliba isla xilliga ay dhacayaan la qoro ama la diiwaangeliyo oo goobjoogayaal inta ay qoyan tahay qoraa u baxaan waa nasiibwanaag aan badanaa la helin. Qoraa Yuusuf aad ayuu ugu mahadsan yahay in uu xil iska saaray oo u istaagay in uu na soo gaarsiiyo oo jiilasha dambe la sii gaarsiiyo.

Waxaa isaguna aad ugu mahadsan dhaboobidda tarjumadan iyo soo bixidda buuggan Muxammad Yuusuf, maamulaha Garanuug, oo aqoonsaday muhimmadda ay leedahay hawshani, dalbaday in uu wax ka qabto, fal ahaanna ugu dhaqaaqay in buuggii asalka ahaa la tarjumo, dabadeedna aniga tajumaha ah igu soo simay qorshaha oo i hawlgeliyay. In kasta oo ay culayskeeda lahayd, hawl aan markaba u bogay, wax badan ka bartay, rumowday, si wanaagsanna ku dhammaatay ayay noqotay. Qaabaynta, naqshadaynta qurxoon, iyo daabicidda buugga ayaa u dheer oo uu ku mahadsan yahay.

Waxaa xiga oo iyagana hawshan qaybtooda aad looga mahadnaqayaa akhyaartii ereybixinnada qaarkood naga caawiyay, kuwaas oo ka tiro badan in magacyadooda halkan lagu wada xuso. Khariidaddii hore ee Muqdisho waxaa nagu taageeray Warsame Yaasiin Cismaan Keenadiid, taas oo aan u adeegsannay helidda goobo badan oo buugga ku xusan, kana dheegannay khariidadaha buuggan la socda. Khariidaddaa asalka ah waxaa faafisay USAID, waxaana la sameeyey 1986'kii, waxaana ku xusan in uu dib u sawiray Ibrahim Ali Essa. Mudane Maxamad Cabdullaahi Jaamac ayaa isna ku mahadsan helidda goobaha qaarkood, kuwaas oo aan khariidaddaa hore ku xusnayn.

Waxaa sawirrada saariddii u horreysay ee calanka Soomaaliyeed ku mahadsan Safiya Caydiid iyo Maxamad Trunji.

Waxaa mahadnaq gaar ah mudan Axmad Saciid. Ugu dambayn aanse ugu yarayn, waxaa iyaguna mahadsan akhristayaasha intaa oo hawl la sheegay iyo in aan halkan lagu sheeginba loo maray ee lagu soo simay buuggan, kuwaa oo laga rejaynayo u hiillinta iyo taageeridda waxsoosaarka noocan oo kale ah iyo horumarinta afka iyo far Soomaaliga, dunida meel la joogaba.

Mahadsanidiin.

Boodhari Warsame
Tarjumaha

HORDHAC

Subaxdii ay bisha Diseembar 30 ahayd, sannadkii 1990, dadweynihii Muqdisho degganaa waxa ay ku waaberiisteen maalin deggan oo cimmiladu kulayl iyo hanfi lahayd. Carruuruhu iskuulladoodii ayaa ay kala aadeen. Shaqaalihii dawladda ayaa iyaguna xafiisyadoodii u kala dareeray, iyaga oo u xusulduubaya sidii ay eheladooda uga naasnuujin lahaayeen ama ciddii kale ee laaluushka iska bixin karta. Goobihii ganacsiga ayaa la furay, waratadii suuqayaduna badeecooyinkoodii ayay balbalooyin waddooyinka hareerahooda ku teedsan la kala baxeen, si ay macaamiil ka iibsata u soo jiitaan. Macaamiishii badeecooyinka jaban gaadanayay ayaa iyaguna isa soo dhoobay, iyaga oo isku garbinayaa wadiiqooyinka ciriiriga ah ee u dhexeeya waratada iyo dukaammada ah. Codadka sameecado HI-FI ah oo ka baxaya makhaayadaha shaaha ee ku taxan docaha waddada suuqa ayaa waxaa saaran heesihii iyo muusiggii ugu dambeeyay, iyaga oo isla markaa cabbitaanno qabow ka iibinaya macaamiisha dhididsan ee ku soo qulqulaya, kuwaa oo isugu jira in daallan, qaar aan shaqayn iyo kuwo shaqooyinkii ka soo dhuuntay. Duhurka marka ay gaadhay ayay dadku guryahoodii u aadeen qado iyo qayluulsi. Casarkii goor ay tahay, ciidammada jabhaddii United Somali Congress (usc) ayaa digniin la'aan waqooyiga magaalada ka qarxiyay xabbaddii Muqdisho ugu horreysay Dagaalka Sokeeye ee Soomaaliya. Dadka badankoodu waa ay u riyaaqeen dhacdadaa, iyaga oo doonayay mar uun in ya ka hoos baxaan taliska cabburiyaha ah. Dadku waxa ay diyaar u ahaayeen isbeddel walba oo ka xorayn kara dhibka iyo cadaadiska noloshooda maalmeed ka mid noqday.

Nasiibdarro, dhawr beri markii dagaalku socday, dhinacyadii dirirayay ee mallayshiyada usc iyo ciidamada dawladdu waxay bilaabeen in ay abaabulaan dadweynaha oo ay ku kala kiciyaan ciidammada dawladda iyo shacabka caadiga ah ee ka soo jeeda haybta beelo gaar ah. Tolka Hawiye oo u badnaa degaanka magaalada Muqdisho iyo gobollada ku hareeraysan waxa uu taageeray malleeshiyada. Waxa ay ku taageeren ciidan, saad iyo gabbaad, markii dagaalku kharaaraadayna waxay la jidboodeen warxumatashiilladii nacaybka colaadeed fidinayay. Halkaa waxaa ka dhashay in wixii ka haray madaxdii sare ee dawladdii millateriga ahayd oo siyaasaddeedii ku salaysnayd qaybiyoo-xukunka tolaysan halkii ka sii wadatay ilaa dhamaadkii ay gacan ka helaan qaybo ka mid ah tolka Daarood oo ilaa markaa wixii ka horreeyay ka soo horjeeday. Labadaa arrimood ayaa si colaadda uga sii dartay isu sii huriyay. Waxaa shallayto lahaa in dawladda, malleeshiyada usc iyo bahda danjirayaasha shisheeye ee Muqdisho ku sugnaa aanu midkoodna ka fikirin ama danba u gelin ciribxumada burburka leh ee ay isbeddelladaas colaadda socota ku soo biiray ku yeelan karaan aayaha dambe ee Soomaaliya. Waxaa xusid mudan, in beesha caalamku ay dayacday fursad qaali ahayd oo ay ku faragelin kartay dhanka toganna ugu weecin kartay collaadda, sidaana ay door ugu yeeshaan natiijada qumman ee ka soo bixi lahayd.

Madaxweynihii waxa uu diiday in uu Muqdisho ka baxo, ka hor intii aanay magaaladu qayb ahaan ku burburin dagaalka iyo colaad lala beegsasaday shacabka tolalka USC taageera ku abtirsada. Dhaqdhaqaaqyadii USC waxay iyaguna ku guuldarreysteen in ay hawlgalladdooda la tallantaalliyaan jabhadihii kale ee mucaaradka ahaa, sida SSDF, SNM iyo SPM, kuwaa oo furin midaysan kaga hortegi karay taliska macangagga ah. Intii ay sidaa yeeli lahaayeen ayay colaaddii waxay u rogeen mid toleed, iyaga oo ku dhaqaaqay in ay safmar u ciqaabaan shacabka ka soo jeeda beelaha Daarood oo ay ka mid yihiin isla kuwii dhibku ka soo gaaray kana soo horjeestay xukunkii Maxamad Siyaad Barre! Waxaa iyaduna murugo lahayd in colaadihii markaa aloosmay ay dalka ku fureen qulqulatooyin wareersan oo ay adkaatay in laga dhammaado. Halkaa waxaa ka dhashay in qarandoonnimadii Soomaaliyeed ay wiiqanto tolaysiguna uu tabaraysto.

Buuggan waxaa laga qoray xusuuso qof ahaaneed oo aan anigu urursaday, waxaana uu ka sheekaynayaa dhacdooyinkii aan anigu goobjoogga u ahaa labadii toddobaad ee ugu hooreysay bilowgii Dagaalka Sokeeye ee magaalada Muqdsiho. Sidaa oo kale, waxa uu buuggu iftiiminayaa wixii ay Soomaalidu ka mudatay xilli adag oo ay colaado dalka ragaadiyeen. Markii dagaalku bilawday, magaalada waxaa ka go'ay isgaarsiintii oo dhan, mana aanan haysan qaab sugan oo aan ku xaqiijiyo wararkii iyo xogihii i soo gaarayay oo dhan. Cudurdaar ayaa aan ka bixinayaa haddii meelaha qaar xogaha buuggan ku qorani aanay waafaqin isla tabtii wax u dhacayeen, waxase aan ku dedaalay in aan daacad ka ahaado intii aan u soo joogay, siyaabihii ay u dhacayeen iyo saamayntii ay bulshada ku reebayeen waagaa. Magacyada dadka iyo goobaha buuggan ku qorani waa kuwo dhab ah. Hase ahaatee, waxa aan adeegsaday oo keli ah magaca hore ama kan dambe ee dadkaa. Inta aan ku noolaan jirin magaalada Muqdisho, waxa aan u soo jeedinayaa in aad adeegsataan khariidadaha la socda buugga. Waxaa kale oo aan soo jeedinayaa in ay lagamamaarmaan tahay in aad wax uun ka taqaannaan abtiriska tolalka Soomaalida.

Waxa aan rejaynayaa in buuggani uu iftiimiyo gundhigyada sababay Dagaalka Sokeeye ee Soomaaliya, kaa oo dhab ahaan iyo ugu horreytaba ka curtay guuldarraysigii dawladnimada Soomaaliyeed. Markii aan buuggan qorayay, waxa aan maskaxda ku hayay dadka aan Muqdisho ku noolayn xilligii colaaduhu bilaabanayeen iyo inta dhalatay [ama kortay] ka dib sannadkii 1991, aniga oo rejaynaya in ay xogo ka helaan sidii colaaddu u dhacday iyo wajigii ay lahayd. Waxaa kale oo aan iyadana ka rejaynayaa in buuggani uu muujiyo intii ay baaxad le'ekaayeen dhibaatadii iyo burburkii dagaalku geystay iyo waliba malyuunnadii qof ee uu siyaabaha kala duwan u saameeyay.

Waxa aan rumaysnahay in dibuheshiin Soomaali ka dhex dhacdaa ay marka hore u baahan tahay fahmidda wixii khaldamay. Qoridda xusuusreebkan goobjooge, waxa aan ku dedaalay in aan runta intii suuragal ah haleelo iyo in aan shaaca ka qaado xaqiiqooyin kharaar oo wali la inkirayo kuna saabsan dhacdooyinkii Dagaalka Sokeeye. Iyada oo la eegayo sabahii muddada fog Dagaalka Sokeeye hurinayay, anigu waxa aan eedda dusha u saarayaa dhammaan hooggaamiyayaashii siyaasadda iyo millateriga, laga soo bilaabo maamulladii rayidka ahaa (1960–1969) ilaa kuxunkii millateriga (1969–1991). Sidaa oo kale, waxaa iyaguna eedda leh jabhadihii hubaysnaa ee is abaabulay 1978'kii ka dib iyo malleeshiyooyinkii xargaha goostay xilligii ay soo fool lahaayeen dhacdooyinka xusuusreebkan ku xusan. Taa oo jirta, xusuusreebkani waxa uu xoogga saarayaa muddo aad u kooban oo u dhexaysa 26'kii Diseembar 1990'kii, muddo yar uun ka hor intii magaalamadaxda aanay ku baahin colaadihii Dagaalka Sokeeye, ilaa 16'kii Janawari 1991, muddo laba toddobaad in ka yar uun ka horreysay markii Madaxweynihii dalka Muqdisho laga saaray. Muddadaa iyada ah, laba qolo uun ayaa eedda si buuxda u leh. Kow; difaacayaashii mayalka adkaa ee xukunkii mayalka adkaa u sii dagaallamayay huriyayna qalalaase colaadeed oo tolaysi ku dhisan, iyaga oo isla markaana diiday in ay magaalada ka baxaan ayaa sababay in Muqdisho ay qayb ahaan burburto. Laba; Soomaalidu waxa ay filayeen in ay kooxaha mucaaradku taliska ay la dagaallamayeen ka tudhaale badan yihiin, gaar ahaan madaxda hoggaanka USC iyo xulafadeeda, iyaguna waxa ay ku jeesteen in ay Soomaalidii shacabka caadigaa ahaa qolaba qolo qaab toleed u qaniinsiiyaan. Sidaa ayuu walaalkay Cabdi ku waayay wiilkiisii Xasan ee madiga ku ahaa, isaguna aanu ka badabaadine ku baxay gacanta malleeshiyadii USC 14'kii Janawari 1991'kii. Si ay ahaataba, waxa aan faalanqayntayda oo dhan ku adkaynayaa, guud ahaanna dhab ah, in masuuliyadda sabibihii dagaalka sokeeye iyo collaaddii tolaysnayd ee 1991'kii iyo ka dib ay lahaayeen hoggaamiyayaashii siyaasadeed iyo kuwii millateri ee ilaa xornimadii Soomaaliya ka dib dalka ka talinayay.

DUUFAANTII DALKA DARBADAYSAY

Labo dhacdo oo muhiim ahaa ayaa dhacay Diseembar 1990'kii. Midda koowaad waxay ahayd qabsashadii ay Magaalada Jawhar u gacangashay dhaqdhaqaaqii mucaaradka ahaa ee USC (United Somali Congress). Magaaaladu 91 kiiloomitir ayay waqooyi ka xigtaa Muqdisho, in ay USC u gacagashayna dareen ayaa ay magaalamadaxda ka abuurtay. Dhacdadaa Jawhar ka hor, kooxihii mucaaradka ahaa ee ka soo hawlgalayay gudaha dalka Itoobiya waxa ay qabsadeen meelo badan oo dalka ka mid ah. Waxa ay u muuqatay in talisku uu quudhsaday awooddooda in ay guulo waaweyn ku gaari karaan, dhacdadii Jawharna waxaa laga soo qaaday uun sidii cillad nabadgelyo oo aan sidaa u weynayn.

Dhaqdhaqaaqyadii mucaaradka ee USC, SSDF, SNM iyo SPM, in kasta oo waayo kala duwan la aasaasay, dhammaantood waxaa taageerayay taliska Itoobiya.

Hoggaamiyihii Itoobiya, Mingistu Xayle Maryam (Mengistu Haile Mariam), oo ay Soomaaliya ceeb ku dhigtay Dagaalkii Ogaadeen ee 1977–1978, waxaa ka go'nayd in uu mar uun aarguto. Si uu yoolkiisa u gaaro, Itoobiya waxa ay hubaysay oo maalgelisay dhaqdhaqaaqyadii mucaaradka, waxayna hawlgalkoodii uga dhex ololaysay dalalka Afrika iyo reer Galbeedka.

Reer Muqdisho qaarkood waxay qabsashada Jawhar u qaateen uun rabsho aan sidaa u sii weynayn. Lamaba solansiin sida arrintu u culus tahay iyo in magaalamadaxda ruuxeeda ay collaaddu ka qarxi doonto dhawr beri ka dib!

Dhacdada labaad waxay ahayd mid qof ahaan aniga iigu dhacday. Waagaa waxa aan ahaa Maareeyaha Telefeshinka Qaranka Soomaaliyeed. 26'kii Diseembar 1990'kii, ayaa aan toddobadii subaxnimo imid xaruntii shaqada. Xafiiskaygii ayaa aan galay, xoghayahaygiina waxa uu ii keenay dhambaalladaydii boostada. Waxa aan bilaabay in aan eeg-eego cinwaannada baqshadaha ku yaal, dabadeedna waxaan isha ku dhuftay baqshad xalleefsan oo ka timid xafiiska Wasiirka Wasaaradda Warfaafinta. Ka dib markii aan dhawr daqiiqo sii eegay ayaan furay.

Qarracan weynaa! Warqaddu waxay dhigaysay in la i ogeysiinayo in la iga qaadayo jagadii Maareeyaha Telefeshinka Qaranka. Waxaa kale oo warqadda la igu faray in aan xilka ku wareejiyo wasiirka inaadeerkii, Kaahin, oo ahaa Maareeyaha Guud ee Idaacadaha Soomaaliyeed oo hoos timaadda Wasaaradda Warfaafinta. Baqshaddii yarayd ee ay ku jirtay warqad ereyo badani aanay ku qornayn ayaa hal mar laashay awooddaydii maareeyannimo ee waaxdaa muhiimka ah ee Wasaaradda Warfaafinta. Waayadaa wax iska caadi ah ayay ahayd in sarkaal shaqadiisa ama shaqadeeda laga cayriyo iyada oo aan sabab cad loo cuskan.

Iyada oo xataa wasiirka ruuxiisa dhowaan loo soo magacaabay wasaaradda, waxaa jiray fahan guud oo ahaa in ilaha dhaqaale ee hay'adaha dawladda iyo maamulkooda uu leeyahay ama xukumo tolka uu ka dhashay hadba wasiirka ku magacaaban. Wasiirradu waxay u magacaabi jireen xafiisyada muhiimka ah ee wasaaradahooda xubno tolkood ka mid ah. In kasta oo aan magacaabid madaxweyne ku shaqaynayay, waxa aan hubay in wasiirkaygu uu amar madaxweyne u soo maray casiliddayda, iyo in warqad rasmi ahi ay xafiiska madaxweynaha ka soo socoto.

In kasta oo Kaahin, agaasimaha cusub ee la soo magacaabay, uu mudoo dabajoogay jagada Telefeshinka Qaranka, ilaa xad aniga ayaa jabkayga masuul ka ahaa. Markii shaqada la iga qaaday, uma aanan aanayn gefaf aan hore anigu u galay e—sida Soomaalida badankeedu yeesho—qolooyin kale ayaa aan wixii igu dhacay eeddooda saaray. Sinaba uma filan darajo ka xayuubinta kedisada ah, waxaana aan bilaabay in aan u dhaqmo sidii ilmo yar oo caraysan. Waxa aan maamulka xarunta ku wareejiyay agaasimihii cusbaa subixii ay Diseembar 28 ahayd.

Maalintaa galabteedii ayaa aan go'aansaday in aan wasiirka u tago. Gurigiisii ayaan ugu tegay, waxaana uu igu qaabbilay qolkiisii fadhiga. Gurigiisu uma sharraxnayn sida daran ee lagu yaqiin guryaha wasiirrada. Waxa ay u muuqatay in aanu weli kulan 'naasnuujineed' la yeelan Agaasimaha Waaxda Maaliyadda ee wasaaradda, si uu gurigiisa ugu rogo qasri raaxo—waa tabta wasiirrada dhowaan la magacaabay oo dhan ay faleen e. In aan fariisto ayaa uu iga codsaday oo markaa i wayddiiyay, "Maxaad iigu timid?"

Waxaan iri, "Waxaan doonayay in aan ogaado sababta jagadaydii shaqo la iiga qaaday." Waa aan ogaa in aanu ii sheegayn waxa shaqada la iiga xilwareejiyay ee waxa aan doonayay in aan ku carabururo uun.

Waxa uu bilaabay in uu tiriyo dibaatooyinka wasaaradda ka jira, waxaana uu faahfaahiyay qorshayaashiisa uu ku hagaajinayo. Dabadeed, inta i soo eegay ayuu igu yiri, "Waxa aan doonayaa in aan wasaaradda hawlaheeda dardar cusub geliyo. Sidaa awgeed, maadaama mudane Kaahin uu warbaahinta khibrad durugsan u leeyahay, waxa aan doonayaa in uu hawlaha Telefeshinka boorka ka jafo."

"Waa runtaa!" ayaan kajan ahaan u iri, "Dalka oo dhan ayaa u baahan in boorka laga jafo ee telefeshinka keliya ma aha. Anigase maxaad ii haysaa?"

Xoogaa inta uu hakaday oo kursigii ka kacay ayuu yiri, "Jago wanaagsan ayaan kuu ogahay adiga. In yar uun sabir yeelo." Dabadeed, inta i soo eegay ayuu yiri, "Waan hubaa oo fasax nasasho waad u baahan tahay, maadaama aad sannado dhib badnaa ka soo martay hawsha telefeshinka!"

Aniguna inta markayga kursigii ka istaagay ayaan ku iri, "Waan aqaan sababta aad shaqadii iiga fariisisay, mana aha sababta aad ii sheegayso."

Inta si yaabban ii soo eegay ayuu yiri, "Maxaad ka waddaa?"

Ka dib, si caro isa soo taraysa iyo camashood ay cabsi yarina weheliso leh ayaan u iri, "Qabyaaladayste ayaad tahay, waana sababta aad shaqadaydii inaadeerkaa u siisay."

Isaga oo caro iyo caabbi midna muujin ayuu yiri, "Haddii

aadan wax kale ii sheegayn, waad bixi kartaa hadda."

Aniga oo aan xataa qacanqaadin ayaan gurigii wasiirka ka soo degdegay oo gurigaygii aaday, iyada oo uu xanaaqu meel xun i marayo. Wixii uu ii sheegay oo dhan midna kama aan rumaysan, in aan shaqadaydii waayayna aad iyo aad ayaan uga ciishaysnaa. Xataa Soomaaliya oo dhan in ay halaagsanto ayaan iska jeclaystay.

Galabtii 30'kii Diseembar 1990'kii, malleeshiyadii USC ayaa dagaalkii waqooyiga magaalada soo gaarsiiyay. Maalintii xigtay, waxa ay bilaabeen in ay weeraraan dhawr meelood oo ciidammada amnigu ay fariisimo ku lahaayeen oo uu ka mid yahay fariisin aagga telefeshinka u dhowaa. Tacshiiradaha dagaalka ayaa magaalada oo dhan laga maqlayay, argagax iyo Allabari ayaana magaalada oo dhan isqabsaday. Dadka badankoodu intii aanu aasku madoobaan ayay guryahoodii magangaleen, waddooyinkii magaaladana waa la cidleeyay. Anigu markaa farxad ayaan gawsaha ka qoslayay! "Dawladdii xumayd istaahilkeedaa la marshay." Ayaan iskula faqay.

Abbaarta 6:00 fiidnimo, agaasimihii telefeshinka ayaa inta uu gurigaygii iigu yimid ii sheegay in shaqaalihii aanay shaqo u soo xaadirin. Sida caadada ah, barnaamijyada telefeshinka—marka wararka laga reebo—subaxnimada ayaa la diyaarin jiray. Agaasimuhu waxa uu iga codsaday in aan ka caawiyo oo tuso halka ay ku yaallaan guryaha shaqaalaha muhiimka ah ee xarunta telefeshinka, si warkii 7:00 fiidnimo loo soo daayo. Magaaladii ayaannu ku wareegnay, si aannu u soo ururinno wax uun shaqaale ah oo ka kooban farsamayaqaan, filinqaade, iyo xiriiriye. Waxa aannu tagnay guryaha shaqaalihii ugu muhiimsanaa telefeshinka, laakiin kulligood waa ay naga diideen in ay na raacaan, xilligii warkuna waxa uu na dhaafay annaga oo aan weli shaqaale isu duwin. Subixii dambe, xaruntiiba waa la bililiqaystay, dhismihiina waxaa meel walba daadsanaa qalab jajabay, cajalado googo'an, dukumiintiyo iyo agab la jajabshay.

Malleeshiyadii usc qalabkii cuslaa ee telefeshinka oo ay ku jiraan laliyihii iyo anteenooyinkii, shaashadihii, iyo gaarigii qafilnaa ee warlalilska wareegaa ku xirnaa, waxay u adeegsadeen jidgooyo waddada weyn ee aagga telefeshinka ay ku xiraan. Telefeshinkaasi dib dambe uma uu shaqayn. Hoos ayaan ka qoslay, aniga oo aan ka fekerin saamaynta ay colaaddani ku yeelan doonto aniga iyo qarankaba.

LABO HABEEN HOYAATINKOOD

Waxaa laga joogaa shan habeen ilaa maalintii uu Muqdisho ka qarxay dagaalkii u dhexeeyay USC iyo dawladda Soomaaliya. Magaalada dhanka aan ka degganaa waa uu xasilloonaa. Sidaa oo ay tahay, waxa aan maqlayay hugunka qaraxyada rasaaseed ee ka imanayay dhanka waqooyi ee magaalada. Dadweynihii xaafaddayda deggenaa marka qorraxdu dhacdo ayay guryahooda ku soo ururi jireen, jidadkuna cidla' ciirsi la' ayay noqon jireen. Xataa korontadii marna iman jirtay marna la waayi jiray intii aanu dagaalku bilaaban gebi ahaanba waa ay go'day, magaaladiina mugdi qam ah ayaa ku habsaday. Waxaa kale oo maalintii dagaalku bilowday magaalada ka go'day dhammaan isgaarsiintii. Keligay ayaa waxa aan fadhiyay qolkaygii nasashada oo ay nal u tahay faynuus if biligle gaaban ah leh oo qaacaysa.

Warar badan ayaa dhacdooyinkii maalinta dhacay iga soo gaarayay, mase aanan hubin wax ka dhab ahaa. Si ay ahaataba, waxa ay u muuqatay in malleeshiyada USC ay magaalada dhankeeda koonfureed ugu soo siqayeen sidii daad qun yar rogmaya. Ciidammadii dawladda oo niyadjabsan ayaa haystay magaalada dhankeeda koonfureed, laakiin waxa ay u muuqatay in dawladdu aanay haysan ciidammo ku filan oo joojiya weerarrada dardarta cusub yeeshay ee ciidanka xamaasadaysan ee USC.

Awoodda difaac ee ciidammada qaranku waxa ay sii wiiqmaysay ilaa dhammaadkii Dagaalkii Ogaadeen ee 1977–1978. Ciidammada millaterigu kamaba ayan soo kaban jabkii ba'naa ee waagaa ka soo gaaray huwantii shuuciyadda ee Midawgii Soofiyeeti horkacayay. Taa waxaa u sii dheeraa, ilaa intii uu dhammaaday Dagaalkii Ogaadeen, in badan oo ciidankaa ka tirsanayd ayaa ka goosatay, kuwaa oo shacabka iska dhex galay ama ku biiray jabhadihii kala duwanaa ee mucaaradka dawladda la dagaallamayay ahaa. Askar cusubi ma ay qoranayn ciidammada, dhaqaale iyo fursado shaqo oo aan jirin dartood. Qaybaha kale ee ciidammadu, sida booliiska iyo Guulwadayaasha Kacaanka, iyo inta la midka ahi si fiican uma ay qalabaysnayn oo xataa shaqooyinkoodii caadiga ahaa ayay gabeen. Intii ku hadhay ciidammada qaranku waxay sugayeen uun fursad ay ku goostaan oo ay meel nabadgelyo leh ugu baxsadaan.

Waxa aan ka yara fikiray bal waxa uu habeenkaa falayay Madaxweynihii iyo waxa ka dhacayay Villa Somalia, halkaa oo uu ku shaqayn jiray kuna noolaa. Waxa aan iswayddiiyay su'aalo badan, "Ma sidiisii ayuu miiskii cuslaa ee aan khaanadaha lahayn geedka hoostiisa ag fadhiyaa oo uu ku qaabbilayaa saraakiisha dawladda iyo martidaba? Mase waxa uu la talinayaa dadka kala amraya ciidammada gaashaanka u dhigaya malleeshiyooyinka mucaaradka? Martidii ma sidii ayay qolalka sugidda iyo beerihii nasashada ee dhismaha ku dhex yiil u dhooban yihiin oo u dhowrayaan in uu Madaxweynuhu qaabbilo? Ma sidii caadada ahayd ayuu Madaxweynuhu sigaarkii iska daba shidayaa oo bunkii madowga kharaar ahaa u fiiqsanayaa, dabadeedna uu dhadhankiisa xun biyo aad u qabow ku dejinayaa? Ma dharkiisii caadiga ahaa ayuu isaga layrsanayaa, mase tuutihii ciidanka ayuu isku taagay? Su'aalahaa wax jawaabo ah uma aanan hayn!

Sida madaxda Afrika badankooda oo kale ayuu Maxamad Siyaad Barre sida uu doono ka yeelayay xukunka dalka. Dhif ayay ahayd in uu dokumiinti saxiixo, marka laga reebo warqadaha dallacsiinta iyo hoos u dhigidda. Waxa uu doorbidi jiray in uu saxiixidda dokumiintiyada u gudbiyo wasiirradiisa iyo saraakiisha sare ee dawladda, ka dib marka uu u faahfaahiyo. Dhammaan arrimaha dawladda oo dhan madaxiisa ayuu ku haystay, halkaa oo sida aan malaynayo uu ku kaydsanaa arshiifka dalka ee ugu weyn.

Dhawr goor ayaan la kulmay madaxweynaha. Mararkaa qaarkood waxa ay ahaayeen waagii aan ahaa madaxa dhawr hay'ado dawladeed ah oo uu ka mid ahaa Radio Muqdisho, Waaxda Idaacadaha Soomaaliyeed (Radio Hargeysa iyo Muqdisho), iyo Telefeshinka Qaranka Soomaaliyeed. Kulammadaa waxaan ku ogaaday in Madaxweynuhu uu raaxo ka qatan yahay. Xafiiskiisu agab qaali ah iyo sharraxaad ka badbadis ah midna ma lahayn. Dhawr sawir oo kacaanka la xidhiidha oo keli ah ayaa derbiyada surnaa.

Waxa uu xirnaa dhar shacabeed aan qaali ahayn iyo kabo saandal ah oo rakhiis ah. Dad badan oo yaqaannay ayaa qiray in aanu xoolo ku shuban bangiyada dalka iyo kuwo dibadeed midna, iyo in aanu naftiisa iyo qoyskiisa midna u dhisin guryo qasriyo ah. Labadiisa xaas waxa ay ku sii noolaayeen guryihii dawladda ee ay degganaayeen intii aanu xukunka dalka ugu sarreeya la wareegin. Waxa aan rumaysnaa in waxa keli ah ee uu doonayay ay ahayd uun in awood aan lagaga dabo dhufan uu xukunka qaranka ugu amarkutaagleeyo.

Dhanka kale marka laga eego, aad ayuu ugu roonaa inta daacadnimada u muujisa. Waxa uu u magacaabi jiray jagooyin shaqo dawladeed ah oo ay muddo aad u gaaban xoolo faro badan kaga urursadeen. Qaarkood waxa uu u oggolaaday xuurto ay keligood badeecooyin reebban dalka ku soo geliyaan, kuwaa oo ay dawladda ama dadweynaha ka iibin jireen faa'iido badanna ka heli jireen.

Kullammadayda shaqada ee aan Madaxweynaha ku arko waxaa ii dheeraa hal kulan oo aan caadi ahayn; waxa aan fursad u helay in aan si dhow u derso qof ahaantiisa iyo sida uu u fekero. Waxa ay ahayd sannadkii 1980, markii afhayeenkii madaxtooyadu, Md. Cabdi Xaaji Gobdoon, uu ii sheegay in madaxweynuhu uu ii doonayo in aan ku biiro guddi ku shaqayn doona Villa Baydhaba. Mar dambe ayaa waxa aan ogaaday in guddigu ay qorayaan taariikhnololeedka Madaxweynaha. Waxaa kale oo uu ii sheegay in aan sidaydii u sii wato shaqooyinkii aan ka kala hayay Wasaaradda Waxbarashada iyo Barbaarinta (Xafiiska Manaahijta) iyo Radio Muqdisho, galbihiina aan guddiga la shaqeeyo. Waxa uu intaa ii raaciyay in cunno iyo qolal lagu nasto fillada ay diyaar ku yihiin.

Ma aanan hubin waxa aniga la igu doortay. Waagaa waxa aan bog toddobaadle ah ku lahaa wargeyska keligii dalka soo bixi jiray ee Xiddigta Oktoobar, Radio Muqdishana waxa aan u diyaarin jiray saacad barkeed barnaamij carruureed ah. Dad badan ayaa jeclaa habka aan af Soomaaliga u qoro, waxaana aan uga shakiyay in taasi ay ahayd sababta keli ah ee la iigu magacaabay in aan ku biiro kooxda qoraysa taariikhnololeedka Maxamad Siyaad Barre.

Maalmo yar ka dib, waxa aan aaday Villa Baydhaba. Baresare Cali Jimcaale Axmad iyo Baresare Cali-Nuur Maxamad oo bare ka ahaa Kulliyaddii Tababbarka Macallimiinta ee Lafoole ayaa irridda igu qaabbilay. Baresare Cali Jimcaale waxaa kale oo uu xubin ka ahaa Dawladda Hoose ee Magaalada Muqdisho, waxaana la hadalhayay in uu aad ugu dhowaa Marwada Madaxweynaha, Maama Khadiijo Macallin. Baresare Cali-Nuur waxa uu isaguna shaqo aan buuxin ka hayay Radio Muqdisho oo uu wartebiye afka Ingiriisiga ku warrama ka ahaa. Iyaga ayaa ahaa kooxda taariikhnololeedka Madaxweynaha qoraysa! Waxa ay i geeyeen qaybta adeegga ee fillada, halkaa oo ay ku shaqaynayeen.

Waxa ay warbixin kooban iga siiyeen mashruuca iyo hawlihiisa. Waxa ay ii sheegeen in ay dhawr gobol oo dalka ah booqdeen oo kulammo ay la yeesheen dad badan oo yaqaannay ama qaraabo la ahaa Madaxweynaha. Booqashooyinkaa intii ay ku jireen, waxa ay soo ururiyeen xogo faro badan oo ay ka mid yihiin sheekooyin, sawirro, iyo dokumiintiyo Madaxweynaha ku saabsan. Waxay waraysteen dad badan oo millateriga iyo shacabka ka tirsan oo aqoon u lahaa lana soo shaqeeyay. Intii aannu fillada joognay, habeen keli ah ayaa naloo oggolaaday in aannu adeegsanno aqalka ugu muhiimsan dhismaha oo dhan, markaasna waxa ay ahayd markii aannu waraysanaynnay Madaxweynaxigeenka, Janan Maxamad Cali Samatar, iyo mid ka mid ah ragga uu Madaxweynuhu soddoga u ahaa, isla markaana ahaa taliyaha ciidanka Guulwadayaasha Qaranka, Janan Cabdiraxmaan Cabdi Xuseen (Cabdiraxmaan Guulwade) oo la socday.

Markii aannu mashruucaa dhawr bilood oo kale ka sii shaqaynnay ayaannu codsannay in aannu waraysi la yeelanno Madaxweynaha, inta aannaan buugga daabacaad u gudbin. Codsigayagii waa nala ka yeelay. Maalintii naloo qabtay ayaannu Villa Somalia oo ah degaanka Madaxweynaha aadnay.

Isuduwihii mashruuca, Md. Cabdi Waayeel, ayaa irridda hore nagu soo dhoweeyay. Waxa uu noo horkacay Villa Foresteria, saddexda fillo ee heeladka ka dhisan tooda ugu yar. Labada kale waxay kala yihiin Villa Hargeisa iyo Villa Somalia. Shaqaalihii fillada ayaa gudaha na geeyay oo nagu duway daarad dhexe oo agab aan badnayn lahaa ayna yaallaan dhawr kursi iyo miis yar. Daaqadda ugu dambaysa daaradda ayaa waxaannu ka aragnay Madaxweynaha oo fadhiya meel aan iftiin badan lahayn fillada dhexdeeda, halkaa oo uu dadka ku qaabbilayay.

Filladu dhawr qol oo keli ha ayay lahayd. Derbiyada daaradda weyn ee aannu fadhinay sidoodii ayay ahaayeen oo sharraxaad ma lahayn. Daah duugoobay ayaa ku gudbanaa daaqad furan, waxaana ay u muuqatay in ay ku gedaannaayeen wax xuub caaro u ekaa. Inta aan yaab isfiirinnay ayaannu isbarbardhignay filladan iyo fillooyinka gaarka loo leeyahay ee qasriyada la moodo ee leh beeraha iyo shaqaalaha tirada badan ee u adeegaya wasiirrada dawladda iyo ganacsatada dawladda ku xiran.

Sugid dheerayd ka dib, Madaxweynihii ayaa noo yimid. Degdeg ayaannu u sarajoogsannay oo sugnay ilaa uu noo ishaaray in aannu fariisanno, isaguna kursi meel gees ah yiil ayuu salka la helay. Ka dib markii uu dhawr mar kaftamay ayuu dantii kulanka u daadegay, "Waxaan maqlay inaad noloshayda wax ka qoraysaan! Waxay ila tahay inaad haddaa ogaateen waxii i soo maray oo dhan?"

Horwadeenkayagii, Baresare Cali Jimcaale, ayaa noo hadlay, "Jaalle Madaxweyne, waxa aannu kaaga mahadnaqaynnaa in aad nagu aamminto qoridda taariikhnololeedkaaga. Waxaa kale oo aannu aad kaaga mahadnaqaynnaa in jadwalkaaga shaqo ee mashquulka ah aad noo hakiso oo aannu kula kulanno caawa, si su'aalo muhiim ah oo aannu weli qabno aad noogu iftiimisid."

Madaxweynaha la jooggiisu burji sare ayuu lahaa, codka Baresare Cali-na in uu god hoose ka soo hadlayo ayaa la moodayay. Shibbanaanta madasha la fadhiyo iyo sida Madaxweynuhu deggenaan ugu dhuuxayo warka Cali ayaa dareenkii qolka sii cugtay. Baresare Cali arartiisii ayuu sii watay, isaga oo codkiisa habrasho ka muuqato oo mararka qaar gunuunuc la moodo. "Waa aannu og nahay in taariikhnololeedka Aabbaha Qaranka aan lagu dhammayn karin dhawr bilood ama sannadood." In yar ayuu hakaday, "Sidaa oo ay tahay, waxa aannu isku dayaynaa in wixii aannu karno aan aayaha dambe u diiwaangelinno. Jaalle Madaxweyne, waxa aannu jeclaan lahayn in aad dhankaaga noo sheegto wixii aad karto halgankaagii dheeraa ee miradhalka ahaa ee aad u soo martay in aad waddo u jeexdo aayaha dalkeenna hooyo."

Waxa ay ahayd maalin Jimce ah oo uu Madaxweynuhu nasanaa. Sigaar ayuu iska dabo shidayay, si joogto ahna koobkiisii qaxwaha aayar u fiiqsanayay. Halkaa marka ay noo joogto ayay si lamafilaan ah marwadii Madaxweynuhu, Mama Khadiija, u soo baxday oo isla markiiba na dhaaftay, ka dib markii ay si degdeg ah dhawr erey oo kaftan isu dhaafsadeen Madaxweynaha. Kaftanku waxa uu ku saabsanaa habeenka Jimcaad iyo qoysaska Soomaaliyeed[1]. Dad kale oo ilaalo iyo kaaliyayaal ahi ma joogin agahayaga.

Madaxweynihii inta uu si fiican ugu dhug yeeshay oo Cali ku jeestay ayuu yiri, "Maxaad doonaysaan in aad ogaataan?"

Xoogaa ayuu hadalkii Cali isaga dhex yaacay, dabadeedna waxa uu gudagalay in uu Madaxweynaha ammaan ku hilo. Wixii uu yiri, malaha waxaa lagu soo koobi karaa sidan: "Waxa aannu hore uga soo ururinnay xubno ka tirsan qoyskaaga xog ballaaran oo ku saabsan noloshaadii miradhalka ahayd iyo waaya-aragnimadaadii. Waxaa kale oo aannu ka soo ururinnay xogo muhiim ah dad aad soo gargaartay ama caganqabatay, iyo dad ku yaqaannay kuuna bogay ama ay waayaha noloshu idin kulmiyeen. Hase yeeshee, waxa aannu jeclaan lahayn in aannu adiga ruuxaaga kaa dhegaysanno qaybo ka mid ah geeddisocodkii noloshaada—sida: korriimadaadii, doorkii aad ka qaadatay halgankii gumaysi ka xoraynta dadkeenna, aragtidaada

---

1 Sheekaxariiro Soomaalieed oo sheegaysa in odayaasha Soomaalidu xaasaskooda habeenka Jimcaha keliya la seexdaan. Sidaa awgeed, haweenka Soomaalidu waxay adeegsadaan baaqyo kala duwan oo ay odayaashooda ku xusuusinayaan habeennada Jimcaad.

kacaan, iyo mustaqbalka aad qaranka u horseedayso…"

Madaxweynaha ayaa markaa Cali hadalkii ka dhex galay oo bilaabay in uu tagtadiisii nololeed ka sheekeeyo. Waxa uu u ekaa in caawa la siiyay fursaddiisii ugu horreysay ee uu tagtadiisa baalal dahab ah ugu kordhin lahaa. Wuxuu yiri, "Qoyskayagu waxa uu ahaa xooladhaqato reerguuraa ah oo 20'meeyadii degi jiray gobolka Galguduud. Waagaa, dhammaan raggii hubqaadka ahaa ee qoyskayagu waxa ay ka qaybqaateen halgankii Daraawiisheed ee la isaga caabbiyayay gumeystayaashii Ingiriiska, Talyaaniga, iyo Xabashida."

"Markii dhaqdhaqaaqii Daraawiishta la jabiyay 20'meeyadii, qaar qoyskayaga ka mid ah oo uu ku jiro aabbahay Siyaad Barre—oo ku magac dheeraa Garbaweyne—iyo walaalkii, Faarax Diliko, waxa ay go'aansadeen in ay qoysaskooda u raraan gobolka Gedo."

Xoogaa ayuu hakaday oo xabeebtirtay, "Nasiibdarro, iyaga oo waddada sii haya ayaa ay shufto² adeerkay ku dishay aagga Shilaabo. Reeraha intoodii kale geeddigoodii ay Gedo ugu hayaamayeen ayay iska sii wateen. Intii aanay halkii ay u socdeen ee Gedo ahayd gaarin, aabbahay ayaa sida xeerka Soomaalidu dhigayo waxa uu dumaalay ooridii adeerkay Faarax Diliko ka dhintay, Shaqlan Warfaa. Muddo gaaban ka dib, waxa ay qaadday uur, aniguna waxa aan dhashay markii reerku Gedo gaaray. Waxaa la ii baxshay Maxamad."

Aammus kale oo kii hore ka dheeraa ka dib, waa uu sii waday, "Markii aan toban gu' ku dhowaad jiray, waxa aannu maqalnay geerida adeerraday midkood ku haray

---

2 Budhcad, dooxato, dhuljiif, iwm.

Galguduud. Aabbahay ayaa markaa naga tegay, si uu xaalka qoyskii walaalkii iyo xigto kale oo Galguduud degganayd uga war doono. Waa dambe ayaannu maqalnay in aabbahay uu ku biiray malleeshiyadii Cumar Samatar[3] ee ciidankii gumeysiga Fajiistaha Talyaaniga la diriraysay. Ciidankii Cumar Samatar ayaa laga adkaaday, waxayna dib u gurteen iyaga oo aabbahay oo dhaawac ah sida."

Haddana waa uu yara aammusay oo sigaar shitay. "Aabbahay dibugurashadii ayuu ku nafbaxay, in ay si qumman u xabaalaanna waa ay haleeli waayeen." Codkiisii ayaa dhiillo dareentaabad lihi ku milantay. "Maydkii aabbahay waxay isaga rideen ceel Mareeg la yiraahdo." Haddana aammus gaaban ayuu ku xejiyay, codkiisiina waa daciifay. "Maalmo ka dib ayaa dadkii degaanku ceelkii u soo arooreen. Waxay ku naxeen uun mayd fuuray oo ceelka afkiisa ku go'an. Dabadeedna inta ay soo saareen ayay si qumman u xabaaleen."

Mar kale ayuu hakaday oo na soo eegay, si uu u hubiyo in aannu si fiican u dhegaysanaynno. "Ilaa 14 gu' iyo meelahaa ayaan jiray markii warkii geerida aabbahay Gedo nagu soo gaaray. Markaa ayaa waxa aan go'aansaday in aan bal ka war doono aabbahay geeridiisa iyo xigtadii gobolka Galguduud naga jirtay. Hooyaday waxaan uga tegay xigtadaydii kale, ka dibna waxa aan u sadcaalay magaalada Beledweyne ee gobolka Hiiraan, halkaa oo aan joogi jiray guriga Xaaji Masalle oo aannu xigto dhow isu nahay. Beledweyne intii aan joogay waxa aan wax ka ogaaday xaalkii geerida

---

3 Mid ka mid ahaa halgamayaashii daljirrada ahaa oo hoggaamin jiray malleeshiyo gobollada dhexe ee Soomaaliya ku la diriri jirtay Fajiistihii Talyaaniga.

aabbahay, waxaana aan helay warar kale oo ku saabsan qoyskayaga intiisii kale. Beledweyne ayaa aan muddo sii joogay, ilaa 1934'kii. Halkaa ayaa la iga qoray askartii ciidanka Fajiistaha Talyaaniga oo markaa isu diyaarinayay in uu Itoobiya ku duulo. Itoobiya waxa aan kula kulmay dadyaw badan oo dhaqanno, caadooyin, af, iyo taariikh kala duwan leh. Waxa aan kororsaday waaya-aragnimo mug leh oo waayihii dambe noloshayda anfacday."

Halkaa ayuu ka sii waday marinta tagtadiisii, ilaa waaberigu soo dhawaaday. Waxa uu noo sheegay in ka dib markii Ingiriisku uu ciidammadii Talyaaniga ka saaray Itoobiya, dhammaadkii Dagaalkii Labaad ee Adduunka, uu ku biiray ciidammadii Biritishka ee Bariga Afrika oo ay ku wareegeen badanka askartii Soomaalida ahayd ee u dagaallamaysay ciidankii la jabshay ee Fajiistaha Talyaaniga. Waa waagii dhammaan dhulalka Soomaalidu degto ee Geeska Afrika, marka Jabuuti laga reebo, ay hoos tageen xukunkii maamulka gumeysiga Ingiriiska (British Colonial Administration). Si ay ahaataba, markii 1950'kii Qarammada Midoobay ay Koonfurta Soomaaliya hoos geeyeen wasaayadii Talyaaniga (Italian Trusteeship), waxa uu haddana ku biiray ciidankii booliiska (Italian Trusteeship Police) oo uu ka soo shaqeeyay waaxo kala duwan oo ay ka mid ahayd Waaxda Dambibaarista (Criminal Investigation Department — CID).

Kowdii Julaay 1960'kii, markii labo ka mid ah shanta gees ee dhulka Soomaalidu degto ay xornimadoodii ka kala heleen Talyaani iyo Ingiriis kuna midoobeen Jamhuuriyadda Soomaaliya, waxa uu ku biiray ciidankii cusbaa ee Xoogga Dalka. Muddooyin isu dhow ayaa la dallacsiiyay, ilaa uu derejada Janan ka qaatay, sidaana uu muddo gaaban ku noqday abbaanduulaha ciidammada Xoogga Dalka Soomaaliyeed. Derejadaa ayuu hayay ilaa Oktoobar 1969'kii, markaa uu afgembi abaabulay oo inta dawladdii sharciga lagu doortay meeshii ka qaaday xukunkii dalka la wareegay. Waa dambe ayaa waxa uu isu dallacsiiyay Madaxweynaha Jamhuuriyadda Soomaaliya, isla markaana ah Guddoomiyaha Xisbiga Hantiwadaagga Kacaanka Soomaaliyeed oo ahaa xisbi siyaasadeedka keli ah ee dalka ka jiray.

Saddexdii habeennimo ayay ahayd markii uu dhammeeyey intii uu oran lahaa oo uu markaa na wayddiiyay in aannu wax su'aalo kale ah u qabno. Baresare Cali ayaa uga mahadceliyay in uu "Waaya-aragnimadiisa aan caadiga ahayn" nala wadaagay, dabadeedna waxa aannu sii wayddiinnay dhawr su'aalood oo kale. Madaama uu noo sheegay in uu in ka badan 20 sannadood la soo shaqeeyay maamulkii gumaysigii Talyaaniga, waxa aannu wayddiinnay bal in uu xusuusto Soomaali gumaystaha la shaqaynaysay oo ururkii dhaqdhaqaaqa gobannimadoonka ee SYL ku ballanfuray oo khiyaanay.

Sida ka muuqatay ee uu eegmo wayddiineed noogu eegay, su'aashaasi waxa ay ku noqotay kedis. "Haa! Waan xusuustaa kuwo ka mid ahaa, qaarkoodna xukuumaddayda ayayba ku jiraan!" In yar ayuu hakaday oo haddana si afeefasho leh noogu raaciyay, "Idiin ma sheegi karo kuwa ay yihiin, maadaama aan Soomaali oo dhan hoggaamiye u ahay, mid xun iyo mid sanba. Bulsho wada wanaagsani adduunka ma jirto, hoogaamiyuhuna waa aabbaha muwaadiniinta oo dhan, waana in uu dhammaantood dhowraa, xataa kuwa mararka qaarkood jidka toosan ka habaaba ama duruufuhu ku khasbeen in ay go'aanno gurracan qaataan. Dhammaan cafis ayaa la mudan yahay—ilaa iyo inta sharciga dalka u yaal uu oggol yahay." Sigaarkiisii ayuu mar kale jiiday oo sii watay hadalkiisii, "Waad og tihiin oo waxaa jirta maahmaah Soomaaliyeed oo tiraahda: *oday reero u weyn iyo ummulisaba sida ay wax u og yihiin u ma sheegaan.*"

Waxa aannu waydiinnay haldoorka taariikhda galay kuwa uu jecel yahay ama u arkayay hoggaamiyayaal waaweyn. Dhawr ayuu sheegay, laakiin hoggaamiyihii Daraawiishta, Sayid Maxamad Cabdille Xasan, ayuu ku dheeraaday. Waxa uu yiri, "Sayid Maxamad waxa uu ahaa hoggaamiye weyn oo aragti dheer lahaa, kaa oo isku dayay in uu Soomaalida oo dhan ku mideeyo halgankii Daraawiishta oo caabbiyo imaatinkii Soomaaliya ay ku soo galeen gumaystayaashii imberyaalaystaha ahaa ee reer Yurub."

Erayadiisu waxay na xusuusiyeen baroordiiqdii Maark Antoni (Mark Anthony)[4] ka dul jeediyay maydkii keligiitaliyihii Roomaanka ee gaadmada lagu dilay, Juuliyas Siisar (Julius Caesar). Xoogaa ayuu hakaday oo sigaar shitay, halkiina ka sii waday, "In kasta oo Soomaali badani aanay wax weyn ka aqoon Sayid Maxamad Cabdille Xasan, sababtuna ay tahay in la baray oo ay akhriyaan taariikh ay gumeystayaashii qoreen, waa aabbihii qarandoonka Soomaaliyeed iyo aasaasihii dawlad Soomaaliyeed."

Waxa aannu wayddiinnay sababta uu Sayid Maxamad

---

4 Mark Anthony waxa uu ahaa siyaasi iyo janan Roomaan ahaa oo taageere u ahaa boqor Julius Caesar. Gabay caan ahaa ayuu ka dul mariyay maydkii Julius Caesar, ka dib markii gaadmo lagu dilay. Gabaygu waxa uu ku bilaabanayay, "saaxiibbayaal, reer Roomaanow, dadkii dalkaygow, dhegaha ii raariciya! Maanta waxaan u imid uun in aan Siisar xabaalo e uma aan iman ammaantiisa…"

ugu haysto in uu yahay aasaasihii dawlad Soomaaliyeed. Waa uu dhoollacaddeeyay, "Waa aasaasihii dawlad Soomaaliyeed, maxaa yeelay, waxa uu qeexay xuduudaha dhulka Soomaalidu degto, waxaana uu dhisay ciidan Daraawiish ah oo difaaca."

Waxa uu yara sugay in ereyadiisa la dhuuxayo. Ka dib, si uu aragtidheeridii Sayid Maxamad iyo muhiimnimada guulihii uu gaaray u sii muujiyo, waxa uu mariyay dhawr tudcood oo ka mid ah gabaygii caanka ahaa ee *Dardaaran*[5].

Marka hore dabkuu idinka dhigi, dumar sidiisiiye
Mugga xiga dushuu idinka rari, sida dameeraha e
Mugga xiga dalkuu idinku odhan, 'duunyo dhaafsada' e
Mugga xigana daabaqadda wuu, idin dareensiine
Dunjigeeda Soomaali baan, deyrka ka ahaaye
Ragga haatan igu diimayow, duxi ha kaa raacdo…!

Mar salaaddii subax ay soo dhowayd ayuu inta gambaleel yeershay kursigii uu ku fadhiyay ka istaagay. Waxa uu nooga mahadceliyay imaatinkayaga iyo in aannu ka shaqaynno mashruuca qoridda taariikhnololeedkiisa. Gacanyarayaal ayaa soo degdegay markiiba, ka dibna guryaheennii ayaa nala geeyay. Markii aannu dhammaynnay qoraalka, faahfaahinno xiise leh ayaannu kala baxnay tagtadii Madaxweynaha. Waxa uu ku dhashay degaan colaado, abaaro, iyo macaluuli

____

5   *Dardaaran* waa mid ka mid ah gabayadii ugu dambeeyay ee Sayid Maxamad Cabdillle Xasan, kaa oo uu jab ku qiranayo dadka Soomaaliyeedna uga digayo dhagaraha gumeystayaasha.

ay ragaadiyeen. Musiibooyin ayuu isaga oo aad u da' yar soo maray, kuwaa oo ay ugu waaweynaayeen geeridii aabbihii iyo adeerkii—labadii hoggaamiye ee reerkooda. Ka qaybqaadashadiisii Dagaalkii Labaad ee Adduunka, waagaa oo uu u soo joogay darxumooyin waaweyn ayaa aragtidiisa adduunka ku aaddan saameeyay. Wixii waayo adkaa soo maray ee uu maantaba ka nool yahay, waxa uu ahaa nin ogaalkiisu shisheeyo, fahankiisa siyaasadda, dhaqanka, iyo caadooyinka Soomaaliduna uu heer sare yahay.

Waxbarasho rasmi ah ma aanu soo marin, laakiin waxa uu shubaal ugu hadli jiray afafka Ingiriisiga, Talyaaniga, Sawaaxiliga, iyo Carabi roon. Waxa uu tuducyo ka soo xiganayay gabayo ay tiriyeen maansoyahanno caan ah oo murtidoodu ay dhaqanka Soomaalida ka qayb noqotay, hadalkiisana waxa uu ku bilayay maahmaahyo. Waxa uu muujiyay maskax heer sare ah, anshi furfurnaan iyo kaftan.

Hase ahaatee, waxa ay u muuqatay in uu qummaatidoon (*idealist*) ahaa, marka laga hadlayo arrimaha dunida. Fahankiisa ku aaddan siyaasadaha qaalibka ah ee adduunku xaqiiqada waa uu ka fogaa. Waxa uu buunbuuniyay doorka ay Soomaliya ka cayaari karto arrimaha dunida, waxaana uu la simay quwadaha waaweyn. Waxa uu naaxiyay saamaynta iyo taageerada ay Soomaaliya ku dhex leedahay halgannada gobonnimadoonka ah ee dalalka Afrika ka socda. Waxaa aad ugu weynaa oo meel sare u joogay habdhaqanka iyo hawlkarnimada millateri, waxaana uu rumaysnaa sida keli ah ee lagu horumarin karo bulsho aan horumarsanayn in ay tahay waaya-aragnimo millateri oo la dhadhansiiyo.

***

Goor dambe, aniga oo faynuustaydii ag fadhiya ayaa waxa aan jeclaystay in aan mar kale arki lahaa Madaxweynaha. Ninkii ku riyooday in uu noqdo hoggaamiyaha ugu sarreeya Soomaali Weyn; Soomaaliya, NFD, Jabuuti, iyo Soomaali Galbeed oo isku dhan, laakiin caawa u dagaallamaya 'xorriyadda' qaybtii keli ahayd [Jabbuuti marka laga reebo] ee ka xorta ahayd carriga Soomaalidu degto. Wax ay ku dambaysaba, waa aan hubaa in uu taariikhda Soomaaliyeed meel ku yeelan doono.

FARRIINTII AAMINA

Wixii ka dhacayay waqooyiga magaaladu ma kala caddayn. Isgaarsiintii iyo gaadiidkii magaalada oo istaagay dartood, warka waxaa lagu helayay uun waraysiga dadkii lugta kaga soo cararayay dagaalka. Waxa ay u ekayd in dadka badankiisu uu danaynayay in taliska xukunka haya meesha laga tuuro, umase ay diyaar ahayn khalkhalka dagaalka ka dhalanaya.

Ka dib afgembigii 1969'kii ee Maxamad Siyaad Barre uu xukunka ku qabsaday, hoggaamiyayaashii afgembigu waxa ay isbeddelkaa ku magacaabeen *Kacaan*. Aragtidooda mustaqbalku waa ay iska caddayd oo waxaa laga garan karay sidii afgembiga loo fuliyay. Bilowgiiba, hoggaamiyayaashii afgembiga, iyo lataliyayaashoodii shuuciga iyo hantiwadaagga ahaaba waxa ay dhinac iska dhigeen dhaqankii, qaayasoorradii, iyo caqiidooyinkiii dadka Soomaaliyeed. Waxa ay la yimaaddeen fikradda

'Hantiwadaagga Cilmiyaysan' oo wadata caqiidooyinkeeda dhaqaale, bulsho, iyo hannaan siyaasadeed—kuwaa oo dhammaantood aan la jaanqaadi karin waaya-aragnimada nololeed ee Soomaalida. Muddo gaaban gudaheed ayaa afgembigii kacaan loo rogay, hoggaamiyayaashii afgembiguna waxa ay isku magaacaabeen Golaha Sare ee Kacaanka oo uu guddoomiye u noqday Janan Maxamad Siyaad Bare.

Golihii kacaan ee cusbaa waxa uu awooddiisa ku xasiliyay in uu qaranka ciidameeyo. Golaha Sare ee Kacaanku waxa uu markii hore bilaabay in uu qaadashada tababbar millateri ku soo rogo shaqaalaha rayidka ah, dhawr bilood ka dibna qaybaha bulshada oo dhan ayaa lagu soo rogay. Ugu horrayn, dhammaan danjirayaashii hore ee Soomaaliya iyo wasiirradii dawladdii la afgembiyay ayaa waxaa loo diray Xerada Millateriga ee Botiko[1] (Xalane) ee Muqdisho ku taal. Sannad ku dhowaad markii la tababbarayay ayaa waxaa ku xigsaday maareeyayaasha wasaaradaha kala duwan iyo hay'adaha madaxa bannaan ee kale. Sidaa ayaa ay caado ku noqotay in kumannaan shaqaale dawladeed, arday, iyo dad shacab ah dalka oo dhan loo diro xerooyinka ciidammada iyo xarumaha degmooyinka, si ay tababbar millateri u qaataan.

Tababbarradaas qaar ka mid ahi qaybaha bulshada ayay saamayn xooggan ku lahaayeen. Dhammaan ardayda

1 Xerada Millateriga Bootiko (Botico Camp) waxa ay ahayd xerada ugu weyn ee ku taal Muqdisho, waxaana aasaasay maamulkii gumeysiga Talyaaniga. Waxa ay waa dambe dawladdii Kacaanku ugu magacdartay geesi Soomaaliyeed oo Xalane la oran jiray (Maxamad Cabdulle Xalane). Waxaa lagu dilay dagaalkii 1964'kii xudduudda ku dhex maray Soomaaliya iyo Itoobiya, isaga oo isku dayaya in uu calanka Soomaaliya soo dejiyo, si uu uga badbaadiyo ciidammada cadawga oo ku soo socday.

dugsiyada sare soo dhammaysta waxaa loo diri jiray tababbar millateri, ka hor inta aan loo oggolaan in ay codsadaan jaamacad, deeq waxbarasho dibadeed ama shaqo dawladeed. Maaddo cusub oo Cilmiga Bulshada la yiraahdo oo caqiido millateri ay ka mid ahayd ayaa manhajka dugsiyada hoose iyo sareba lagu kordhiyay. Sidaa awgeed, haddiiba sannadkii 1975 la gaaray, dalku waxa uu ahaa uun xero millateri oo iska weynaatay.

Xisbiga Hantiwadaagga Kacaanka Soomaaliyeed ayaa la aasaasay, waxaana "Xarumo Hanuunineed" laga furay dhammaan degmooyinka iyo tuulooyinka dalka. Xarumaha hanuunintu waxa ay dadweynaha barayeen xeerarka aasaasiga ah ee hantiwadaagga, tababbarrada millaterina waa ay qaban jireen. Waxay kale oo ay ilbaadin (jaajuusi) jireen shaqaalaha dawladda iyo dadweynaha.

Habka dadka la tababbarayo loo diyaariyo waxa uu ahaa mid dullayn iyo jahawareer laga muto. Sannadkii 1972, waxa aan ka mid ahaa rag 800 ah oo barayaal ahaa oo dawladdu inta ay gobollada dalka oo dhan ka keentay Muqdisho ku soo ururisay. Waxa ay dawladdu noogu yeertay in aannu ka qaybqaadanno tababbarrada Xerada Botiko. Ugu horrayn, waxaa nala ku amray in aannu baaritaan caafimaad u tagno Isbitaalka Xoogga ee Muqdisho. Gaadiid Muqdisho ama isbitaalka—oo aan midkayana lug ku gaarin—aannu ku aadno midna naloo ma keenin. Hase yeeshee, badankayagu waxa aannu isbitaalkii nimid maalintii nala ballanshay. Bannaanka isbitaalka ayaa muddo milicda kulul nala ku hayay. Markii ay duhur ku dhowayd ayaa waxaa naloo oggolaaday in aannu hool gudaha ah koox-koox u galno. Dabadeed, shaqaale shulugyo cad-cad xiran ayaa inta ay noo yimaaddeen nagu amray in aannu safaf galno oo dharka iska dhigno. Waxa ay noo sheegeen in aannu iska siibno dharka oo dhan, xataa nigisyada hoosgashiga ah. Yaab ayaa naga soo haray, maadaama Diinta Islaamka iyo dhaqanka Soomaaliyeedba ay reebayaan in dadka hortooda la isku qaawiyo! Nasiibdarro, kuma aannaan dhicin in aannu hor istaagno amarka madaxda, dharkiina waxa aannu iska dhignay annaga oo aan cabasho muujin, si aan kacaandiidnimo naloo ku suntin.

Dadkii ugu muhiimsanaa nidaamka waxbarashada; kormeerayaal, maammulayaal, iyo maacallimiin heer sare ah oo tobaneeyo sannadood Wasaaradda Waxbarashada u soo shaqaynayay ayaa iyaga oo qaaqaawan safafkii kooxo u taagan. Amarka ayaannu raacaynnay, laakiin ceeb iyo yaxyax ayaannu la gariiraynnay. Soddog iyo ninkii gabadhiisa qabay oo anfariirsan ayaa isku saf ku jiray, iyaga oo cawradooda sacabbada oo keli ah ku qarsanaya. Midkoodna kuma uu dhicin in uu meel kale oo aan dhulka ahayn eego.

Mar kale ayaaannu saf galnay, waxayna nagu amreen in aannu foorarsanno. Dabadeed, hawlwadeennadii caafimaadku inta gadaal naga soo mareen ayay dabooyinka naga baadheen. Dadka baaritaanka fulinayay dhammaantood waxa ay ahaayeen dhakhtarro iyo kalkaaliyayaal millateri ah, dhammaantoodna rag ayay ahaayeen.

Markii ay dhammeeyeen ayay iska kaaya daayeen. Midkaayana kama caban kamana hadal wixii dhacay. Waxa ay u muuqatay in aannu ka gudubnay mid ka mid ah hababka dadka loogu qasbo in ay ammarada qaataan iyaga oo aan wayddiimo ka keenin. Dhammaantayo waxa aannu jeclaysannay in waxa aannu ku jirnaa ay riyo aan dhab ahayn noqdaan. Markii baadhitaanka "caafimaad" la dhammeeyay ayay noo sheegeen in aannu Xerada Botiko berriba iska xaadirinno. Gaadiid nama ay siin, in kasta oo badankayagu aannu meelo Muqdisho ka baxsan ka nimid, meesha ay xeradu ku taallana aannaan aqoon. Wax aan badnayn ayaannu ka naqaannay dhaqanka iyo xeerarka millateri, baqdinna waa ay nagu jirtay, in kasta oo ay naga go'nayd in aannu amarrada raacno.

Subaxdii xigtay, sidii nala faray ayaannu badankayagii xeradii iska xaadirinnay. Askar darajooyin hoose leh ayaa meel bannaan oo u dhexaysa dhismayaal gurijil u eg nagu kulmiyay oo nagu amray in aannu safaf u istaagno. Jahawaareer ayaa na hayay, waxa soo socdana ma aannaan garanayn. Aammusnaanta meesha iyo sida ciidanka millateriga ah ee jooga ay jixinjix la'aantu uga dhab tahay, cabsidii na haysay ayaa ay nooga sii dareen. Ka dib markii nala xaadiriyay, bakhaar kayd yiil ayay noo kaxeeyeen oo midkaayaba siiyeen iskujoog—surwaal dabagaab ah iyo shaar kaaki ah, buste iyo gaaweeto ciidan. Dabadeed waxa ay noo kala qaybiyeen siddeed kooxood oo middiiba boqol nin tahay, waxaana naloo kaxeeyay dhismayaashii gurijilka u ekaa. Kooxdaydii waxaa la geeyay dhisme ay yaallaan safaf sariiro isa saaran ah. Qof walba waxaa loo cayimay sariiraha middood oo uu goglan yahay joodari caws qallalan lagu cufeeyay iyo go' lagu dedo. Kooxda inteedii waaweynayd waxaa la siiyay sariirihii hoose, dhallinyaradana sariiraha sare. Carbiyayaashii waxay nagu amreen in aannu iskujoogga kaakiga ah xiranno. Laakiin, intii aannaanba weli dharbeddelashadii dhammaysan ayaannu maqalnay qablanka siiriyada ka dhacaya barxaddii bannaanayd ee dhismayaasha u dhexaysay. Dadkii na kormeerayay waxay ku qayliyeen "U degdega rigada! U degdega rigada!" Ulahoodii xarragada ciidan ayay ruxeen, sidii ay xoolo didsan isu duwayaan. Annaga oo naxsan ayaannu dibedda u yaacnay, iyada oo tubta aad la isugu sii garbinayo. Barxad dhismayaasha u dhexaysay ayaa koox walba goonideeda meel lagu fayliyay oo magac urur oo u gaar ah la siiyay. Askartii darajooyinka hoose sidatay ee na kala safaysay ayaa iyaguna hortayada fayl ciidan u istaagay, kuwooda ugu darajo hooseeya ilaa kuwooda ugu sarreeya ayay isugu xigsadeen. Mar dambe ayaa waxaa ku soo biiray dhawr saraakiil sarsare ahaa oo dhabarkooda ku sii faylay.

Mar dambe ayaannu aragnay sarkaal garaaddihiisu aad u xardhan yihiin oo ka soo baxay dhismaha xerada ugu weyn. Qaar annaga naga mid ahaa ayaa bilaabay in ay magaciisa ka nuxnuxsiiyaan, "Janan Gabyow!" Waxa uu ahaa 'taliyaha' xerada iyo madaxa tababbarrada qaran ee rayidka. Markii uu soo dhowaaday ayuu mid saraakiisha ka mid ahaa digtoonaan nagu amray oo inta xaggiisii u jeedsaday salaan ciidan u taagay warbixintiina siiyay. Markii uu sarkaalkii janankiisii ishaaro ka helay ayuu inta xaggayagii u soo jeedsaday digtoonaantii in aannu debcinno nagu amray.

Janankii waxa uu bilaabay in uu noogu khudbadeeyo cod qaylo ku dhow. Wuxuu yiri, "KU SOO DHOWAADA XERADA TABABBARKA BOTIKO! Maanta laga bilaabo ilaa maalinta aad dhibbowga ka baxaysaan, waxa aad ku noolaan doontaan nolol ciidan oo aad u xakamaysan. Waxa aad mari doontaan isbeddel jireed iyo mid dabeecadeedba..." Muddo saacad ku dhow ayuu khudbaddii sii waday, oo intaa uu sharraxayay sida habnololeedka ciidan uu hawlkarnimada uga sarreeyo tan rayidka. Isla markii uu khudbaddii dhammeeyay, saraakiishii ayaa digtooni nagu amray oo gaardis nagu horkacay. Waxa ay na geeyeen barxad bannaan oo xeeliga Badweynta Hindiya saaran. Halkaa waxaa noogu bilowday carbin daal iyo mashaqo badan oo lix bilood socotay.

Tababbar culus oo aad loogu rafaadayo ayaa nala siin jiray. Maalin walba 4:30 subaxnimo ayaannu kaakacnaa, si aannu hawlo mayrasho, xiirxiirasho, iyo wixii la mid ahi ay ka mid yihiin u qabsanno. Jimicsi orod ah ayaa xigay 5:00, ka dibna inta aan barxadda dhismayaasha u dhexaysa ku faylno ayaannu carbis jinaystiko ah samayn jirnay. Lixda subaxnimo ayaa qurus rooti ah iyo xoogaa shaah ah oo "quraac" lagu magacaabay nala siin jiray, 6:30 marka ay gaadhana dib ayaa barxaddii carbin kale naloo ku celin jiray. Carbiska waxay dhammayn jireen 12:30 duhurka, ka dibna waxay qado noo siin jireen xoogaa baasto suugo tamaandho ah lagu firdhiyay. Soddon daqiiqadood ka dib ayay haddana barxaddii carbis kale noogu celin jireen, ilaa 6:30 makhribka laga gaaro. In badan oo naga mid ahayd khaati ayay joogsadeen, qaar ayaa xataa istaagga ka dhacay kulayl dartii oo in la fuuqceliyo u baahday.

Saacaddu marka ay gaadho 5:00 galabnimo ayaa waxa ay noo qaybin jireen digir karsan oo saliidcaddey keli ah lagu iidaamay. Cashada ka dib, waxa ay nagu kulmiyeen meel naloo ku dhigayay casharro *hanuunin* ah oo ay bixinayaan carbiyayaashu. Waxa ay ka hadlayeen maaddo walba oo maskaxdooda ku soo dhacda. Askartii aan waxbarashaba soo marin ayaa waxa ay casharro siyaasadeed, dhaqaale, iyo xeerarka aasaasiga ah ee hantiwadaagga cilmiga ku dhisan u dhigayaan barayaal jaamiciyiin ah! Ugu dambayn, 8:00 fiidnimo marka ay gaarto ayay na sii dayn jireen, si aan hawlo gaar ahaaneed u qabsanno, sida: dhar mayrasho iyo shaqooyin ciidan oo ay ka mid tahay in meelaha la seexdo la nadiifiyo. Markii ay saacaddu gaarto 8:30 ayay noo oggolaan jireen in aannu dhinacyadayada daalay dhulka dhigno, 9:00 marka la gaarana nalalka oo dhan ayay damin jireen. Waxay shaqooyinkaa guud ka cafiyeen dhammaan dadka naafada ah iyo xataa qaar aanay naafannimo ka muuqan laakiin ka cawday daal xad-dhaaf ah, fuuqbax, iyo wixii la mid ah, kuwaas oo aan shaqooyinka la isu dirayo qaban karin.

Nolosha xeradu aad ayay u qallafsanayd. Qolal lagu qadeeyo, miisas cunno, iyo kuraas midna ma oollin. Marka la cuntaynayo, bannaan ayaannu safannaa, isla bannaankaa xeryaha u dhexeeyana waannu la fariisannaa oo ku cunnaa wixii nala siiyo. Dhawr toddobaad gudahood ayaannu bilownnay in aannu diiddo ka muujinno sida naloo gelayo. Hase yeeshee, waxa aannu sii ogayn in ay reebban tahay in cabasho laga muujiyo nolosha xerada ama dawladda, iyada cabasho oo dhan loo fasiran karo nooc muddaharaad ah oo lagu mutaysan karo xerada oo la iska saaro iyo shaqada oo la iska cayrsho.

Dabadeed, si lamafilaan aha ayaa waxaa u soo ifbaxday maanso qalindaraale muddaharaad ah oo ka curatay safafka cunnada. Qofaf aan la garanayn ayaa waxay isku duween dhawr tudcood oo maanso dhiidhi ah. Durba dadkii safafka cuntada ugu jiray ayaa uu midba tuduc ku biiriyay, maansadiina muddo gaaban ayuu boqollaal tudcood gaaray. Maamulayaashii xerada ayaa maansadii maqlay oo ogeysiiyay Wasaaradda Waxbarashada. Wasaaraddii waxa ay soo dirtay koox xaqiiqaraadis ah oo nala kulma, haddii ay suuragal tahayna u cagajugleeya kuwa lagu tuhmay in ay ka qaybqaateen 'maanso-muddaharaadka'. Hool ayaa nala ku soo ururshay, si aannu kooxda ula kulanno. Halkii ayay soo galeen oo isbarasho kooban ka dib noo sheegeen in aan kacaandiidnimo laga filayn barayaashii dalka ee jiilasha soo socda barbaarin lahaa iyo in aannu imtixaan macallinnimo isu diyaarinno ka dib marka aannu tababbarka dhammaysanno. Inta aan ku orinnay ayaannu hoolkii uga soo dareernay kooxdii oo aan hadalkii dhammaysan.

Waa horraantii 1972'kii, waxaana aan rumaysnahay in ay markani ahayd markii ugu horreysay ee kooxi ay ku dhiirratay in ay amarrada kacaanka si toos ah u diiddo. Falkayagu kudhac indho adag oo aad khatartiisa u leh ayuu ahaa. Kacaanku waxa uu xabsiyada u taxaabay qaar ka mid ahaa madaxdii hore ee dalka ugu sarreysay, waxa uuna xataa toogtay qaar ka mid ahaa abaabulayaashii afgembiga, dadweynuhuna aad ayaa uu u baqayay. Kooxdii waxay dhacdadii uga warbixisay Wasaaradda Waxbarashada iyo xafiiska Golaha Sare ee Kacaanka. Mar dambe waxa aannu maqalnay in falkayagii caro dhaliyay, Golaha Sare ee Kacaankuna waxa uu wasiirkii soo faray in ay wasaaraddu qorshaheeda meelmariso.

Barqadii maalintii xigtay, waxaa xerada yimid koox uu hoggaaminayo Wasiirkii Waxbarashada, Kornayl Cabdirisaaq. Hool yar ayay isugu kaaya geeyeen, kulkii xad-dhaafka ahaana waxaa uga sii daray didmadii laga qaaday arkidda Wasiirka. Hoolkayaga toos uma uusan iman, waxaana aannu u qaadannay in uu marka hore madaxda xerada la kulmayo.

Ugu dambayntii, hoolkii ayuu soo galay isaga oo ay weheliyaan ilaa dhawr iyo toban nin oo Wasaaradda Waxbarashada ka socda iyo saraakiishii xerada. Wasiirkii iyo taliyihii xerada, Janan Gabyow, ayaa meel hortayada ah miis yaal soo fariistay, weheliyayaashoodiina gadaal ayay ka istaageen. Codbaahiye ma lahayn meeshu, janankiina waxa uu khudbad cod dheer oo xooggan ah ku bilaabay, "Subax wanaagsan! Maanta waxaa farxad iyo sharaf noo ah in uu noo yimid Wasiirkii Waxbarashadu, Kornayl Cabdirisaaq, si uu innooga la hadlo shaqada iyo qorshayaasha Wasaaradda iyo aragtida Kacaanka Barakaysan. Jaalle Wasiir, kuwani waa barayaashii tababbarku u socday. Waanu ku faraxsan nahay in ay tababbarka ka qaybqaataan iyo kal-adaygga ay muujiyeen. Waxa ay diyaar u yihiin in ay taladaada iyo amarradaada dhegaystaan…"

Wasiirkii waxa uu bilaabay in uu cod xooggan noogu khudbeeyo. Waa uu caraysnaa, salaantii Islaamka ee caadada ahayd la'aanteedna hadalkiisii ayaa uu bilaabay, "Maalin dhowayd waxaad fal xushmaddarro ah kula kacdeen saraakiishii Wasaaraddu halkan u soo dirtay. Ugu dulqaadan maynno gedaha noocaa ah dadkii uu Qaranku ku aamminay in ay ilmaha baraan in ay madaxdii berri noqdaan."

Warqadihiisii ayuu qunyar eegay oo haddana sii watay, "Intixaanka maalintii dhowayd la idiin sheegay waa kala hufid. Waxa aannu doonaynnaa in aannu macallimiinta u qalma horumarinno, intiinna kalena aannu u dirno tababbar dheeraad ah." Halkaa marka uu marinayo, waxa aannu bilownnay guryan hoose oo diidnay in aannu dhegaysanno. Waa uu carooday, erayadiisiina kuwo cabsigelin leh ayay isu rogeen. Wuxuu yiri, "Waa aannu og nahay in qaarkiin ay ku adag tahay xataa in ay sabbuuradda wax ku qoraan! Waxaa jira macallinkusheegyo sabbuuradaha qoraalka kor uga soo bilaaba ilaa hoos, intii ay bidix ilaa midig ugu qori lahaayeen, ama midig ilaa bidix marka af Carabi la qorayo."

Qof ayaa gadaal ka qayliyay oo yiri, "Waa runtaa. Malaha waa xaaskaaga macallimadda aan sabbuuradda wax ku qori karin!"

Xaaskiisu waxa ay macallimad ka ahayd mid ka mid ah dugsiyada magaalada.

Wasiirkii hoolkii ayuu halhaleel uga baxay isaga oo aan erey kale oran. Maalintii xigtay ciidan kumaandows ah oo magaalada Balcad laga keenay ayaa beddelay askartii caadiga ahayd ee na tababbaraysay, jimicsigayagii joogtada ahaa, carbisyadayadii, iyo casharradayadiiba waxay isu beddeleen ciqaabid toos ah. Maylal badan ayaannu xerada dibaddeeda ku orodnay subaxii, dabadeedna inta aan xeradii ku soo noqonnay ayaa aannu godad dhulka ka qodnay. Godadkii ayaannu si isdabajoog ah dhagaxyo uga buuxinnay oo haddana ka soo qufnay. Mashaqadaa ayaa si aan kalago' lahayn noogu socotay bilo badan. Macallimiin badan ayuu caafimaad ahaan wax u dhimay isbeddelka tababbarku oo loo kala diray isbitaallo iyo xarumo caafimaad.

Bilo badan ka dib, maalin qadada dabadeed, qaar kooxahayagii ka mid ah ayaa, sidii dambiilayaal la soo xiray, si degdeg ah la isugu geeyay hool. Waxa aannu u qaadannay in qof ka socda Wasaaradda Waxbarashada ama xeradu uu sidii caadada ahayd war xun noo keeni doono. Halkii aan taa ka sugaynnay ayaa waxaa hoolkii soo galay guddoomiyihii Golaha Sare ee Kacaanka, Jaalle Maxamad Siyaad Barre.

Yaab ayaa la isugu kaaya keenay! Laakiin inta aan degdeg u istaagnay ayaannu salaan ciidan si qumman u bixinnay. Hoolkii ayaa uu isha mariyay oo inta uu dhoollacaddeeyay salaanta qaatay, dabadeedna na faray in aannu digtoonida dabcinno oo fariisanno. Waa uu kaftamayay oo qoslayay, waxaana uu bilaabay in uu noo khudbeeyo isaga oo aanay hordhac soodhoweyn ah u samayn saraakiishii xeradu. Ka dib markii uu ka warramay muhimmada ay leedahay shaqada baranimadu iyo doorka ay dhismaha qaran ka qaadato, inta uu toos noo soo eegay ayuu yiri, "Halkan waxa aan u imid in aan gabaygiinna dhegaysto!" Waa aannu yaabnay oo inta aan is-eeg-eegnay ereyna celin weynnay. Codsigii ayaa uu ku celceliyay, laakiin midkaayana uma jawaabin.

Dabadeed, nin meel gees ah fadhiyay inta uu eegay ayaa uu ku yiri, "Jaalle Cali Jaamac, ii mari gabayga!" Jaalle Cali Jaamac waxa uu ahaa gabyaa caan ah iyo bare aad looga dambeeyay oo muddo dheer shaqaynayay, waqooyiga dalkana ka soo jeeday. Gabaygu in uu jiro ma uu inkirin, mana uu aqbalin jiritaankiisa. Waxa uu ugu jawaabay, "Jaalle Madaxweyne, ma waxa aad sheegaysaa farriintii ay barayaashu xaasaskoodii ay ka yimaaddeen u dirayeen?"

Madaxweynihii inta uu qoslay ayuu yiri, "Malaha waa kaa! Waa gabaygaa kan aan doonayo in aan maqlo."

Jaalle Cali Jaamac waxa uu mariyay tuducyada ugu horreeya ee gabayga:

Ma og tahay Aaminay Indiyaan Ooshinkaan
    agawareegaaye?
Ma og tahay anfacadaan cunaa ma laha iidaane?
Ma og tahay askari jaahilaan amar ka qaataaye?

Ma og tahay waxaan eersadaa odayga weeyaane?

Madaxweynihii ayaa ka dhex galay Cali oo wayddiiyay, "Waa ayo odayga aad eersanaysaa?"

Jaalle Cali xoogaa ayuu ka labalabeeyay, dabadeedna si aan xoogganayn ugu jawaabay, "Jaalle Madaxweyne, gabaygu waa qalindaraale oo tuduc walbana waxaa iska leh mid kooxda ka mid ah. Ma garanayo qof tuducaa ku daray, laakiin waxa aan u malaynayaa qofkii ku darayba waxa uu maanka ku hayay Wasiirka Waxbarashada."

Madaxweynihii inta uu qoslay ayuu hadallo aan badnayn ka dib iska tegay. Carbiyayaashayadii hore ayaa subaxii dambe beddelay kumaandowstii, cadaadiskii nala ku hayayna waa uu dhammaaday. Wasaaraddii waxay iyaduna joojisay imtixaankii ay qorshaynaysay in ay qaaddo. Waxa aan rumaysanahay in gabayga oo boqollaal tudcood ka koobnaa uu ahaa gabaygii ugu horreeyay ee lagaga muddaharaado Kacaankii Oktoobar ee 1969'kii.

Dhawr bilood oo kale oo tababbar aan ciqaab waxba dhaamin ahaa ka dib, waxa aannu ka qaybqaadannay dabbaaldeggii 21'kii Oktoobar 1972'kii, ee lagu qabtay Fagaaraha Kowda Julaay. Maalintii xigtay ayay na sii daayeen oo aannu nolosheennii shacbiga ahayd dib ugu laabannay. Badankayaga, oo aniguba aan ku jiray, waxa aannu soo baxnay annaga oo maskaxda nala ka beddelay oo rumaysan xeerarka hantiwadaagga cilmiga ku dhisan. Ka dib markii muddo dheer nala ku soo tashkiilinayay hantiwadaagga cilmiga ku dhisan, noloshayadana uu ka mid noqday, waxa aannu bilawnnay in aannu iska rumaysanno wixii naloo sheegaba in ay saxan yihiin. Waxay noo sheegeen in hantiwadaagga ay dadku qof ahaan xor u yihiin go'aansiga sida la saxan iyaga.

Tashkiilinta hantiwadaagga waxaa garab socday ciidamayn qaran oo xawlli dheereeya ku socotay, dadka oo dhanna saamayn ayay ku yeelatay. Ugu horrayn, Golihii Sare ee Kacaanku waxa uu—markii Kacaanku dhashay Oktoobar 1969'kii—laalay dastuurkii dalka iyo dhammaan xeerarkii dhaqameed ee kale, waxaana uu bilaabay in uu dalka ku xukumo digreetooyin iyo bayaanno. Xafiiska Golaha Sare ee Kacaanka oo keli ah oo uu guddoomiyo Janan Maxamad Siyaad Barre ayaa soo saari jiray dhammaan digreetooyinka Kacaanka.

Dadweynaha badankiisu waxa uu ka qaybqaadan jiray tababbarrada ciidan ama barnaamijyada hanuunineed ee lagu qabto xarumaha hanuuninta. Dad badan oo tashkiilinta ciidameed maskaxda lagaga beddelay ayaa bilaabay in ay u bogaan habnololeedka ciidameed, kaas oo noqday wax lagu xarragoodo. Ereybixinta ciidanka ayaa ka mid noqotay hawraaraha loo badan yahay ee adeegsigoodu ka mid noqday hadalka caadiga ah. Marka lagu jiro dabbaaldegyada dhoollatuska ciidan ah, aad ayaa loo bogaadin jiray kuwa jilbahooda darandoorriga ku gaarsiiya meel inta kale oo dhan ka sarraysa, qaarna waxay xataa gaarsiin kareen gararkooda! Warbaahinta oo ay dawladdu gacanta ku haysay ayaa iyaduna dadweynaha ku maaweelin jirtay heeso kacaan iyo muusig-dirireed miiran.

Warbaahinta iyo xarumaha hanuuntinta dartood ayay dadkii u bilaabeen in ay ka dhaadhacdo in hababka siyaasadeed ee hantiwadaagga iyo shuuciyaddu ay yihiin kuwa keli ah ee mustaqbal barwaaqo leh lagu gaari karo, qof walbana la siin doono waxa uu u baahan yahay. Qaybidda xigashooyinka Kaarl Maarkis (Karl Marx), Lenin, iyo faylasuufyo kale ayaa noqotay cabbir lagu dhereriyo heerka waxbarasho ee qofka iyo hadba sida qofku u yaqaan xeerarka hantiwadaagga iyo shuuciyadda. Wax iska caadi ah ayay ahayd in la arko xigashooyin hantiwadaag ama shuuci ah oo suran darbiyada hay'adaha dawladda. Dadku waxa ay kor ka akhrinayeen xigashooyinkii Kaarl Maarkis iyo faylasuufyadii kale ee hantiwadaag iyo shuuciga, sida—

"Dabaqadda xukunka haysaa ha ka gariirto kacaan shuuciyeed. Dabaqadda danyarta shaqaalaha ah waxba ka lumi maayaan aan ka ahayn silsiladihii ku dabranaa. Adduunka ayay qabsan. Shaqaalaha aduunkow midow!"

—KARL MARX

Markii ay dadkii danyarta ahaa maqleen halkudhegyadaa ayay badanaa iska rumaysteen.

Golaha Sare ee Kacaanku waxa uu ilihii dhaqaale soosaarka qaran badankooda u qoondeeyay ciidammada. Taa waxaa ka dhashay in Xoogga Dalka Soomaaliyeed uu ka mid noqdo kuwa ugu awoodda badan Afrika. Ciidamaynta qaranka iyo waddaniyadda Soomaaliyeed ayaa isla hanaqaaday, dalabyada xoraynta gobollada 'maqan' ee 'Qaranka Soomaaliyeed" ayaa iyaguna maalinba tan ka dambaysa isa soo tarayay, ilaa ay figta ugu sarraysa gaareen sannadkii 1976. Dadweynaha waxaa si isdabajoog ah loogu xusuusinayay khudbado, heeso, gabayo, iyo riwaayado faneed in ay u diyaargaroobaan 'xoraynta' labada gobol ee Soomaalidu degto ee ay kala gumeystaan Kiiniya iyo Itoobiya.

Sannadkii 1976, Golaha Sare ee Kacaanku waxa uu soo saaray digreeto muhiim ah oo Maxamad Siyaad Barre u dallacsiisay Madaxweynaha Jamhuuriyadda Hantiwadaagga Dimuqraadiga ah ee Soomaaliya. Jagadani waxa ay ugu darsantay kuwii hore ee uu hayay ee kala ahaa Guddoomiyaha Golaha Sare ee Kacaanka iyo Guddoomiyaha Xisbiga Hantiwadaagga Kacaanka Soomaaliyeed—oo ahaa xisbi siyaasadeedka keli ah ee dalka ka jiray. Hadalka Madaxweynaha ayaa noqday xeerka dalka. Dhammaan hawlwadeennadii dawladda ayaa inta ay dhinac iska dhigeen qorshayaashii qaran, kuwii maamul, iyo kuwii qiimayneed, iska dabo galay amarrada maalinlaha u soo baxa ee Madaxweynaha, sida dadka Kuuriyada Waqooyi ay u dabageli jireen amarrada Guddoomiye Kim Il Sung. Maansayahannadii Soomaaliyeed badankooda, riwaayad allifayaashi, halabuurradii, iyo fannaaniintii kalaba waxay ku hawshoodeen soosaaridda heeso, riwaayado, iyo maansooyin ciiddaa ka badan oo lagu ammaanayo 'Kacaanka Barakaysan iyo hoggaamiyihiisa.' Darajooyin tiro badan ayay Madaxweynaha huwiyeen, sida; 'Aabbaha Qaranka, Hoggaamiyaha, Iftiinka baxaya, Horseede, Libaaxii Afrika, iyo kuwo kale.

Dabayaaqadii sannadkii 1976 markii la joogay, ammaantii xadka dhaaftay iyo jacaylkii loo qabay ayaa madax maray Madaxweynaha, waxaana uu bilaabay in uu hadba sii yareeyo ku tiirsanaantii talooyinka dalalka kale ee hantiwadaagga iyo shuuciga ahaa ee Soomaaliya siinayay gargaar xoog lahaa ilaa waagii Kacaanka Oktoobar uu curtay ee 1969'kii. Gargaarka waxaa loogu talagalay in lagu baritaaro dhaqaalaha hantiwadaagga Soomaaliyeed iyo habkeeda siyaasadeed. Dawladdu xataa waxay xiriir adag la xiratay hoggaamiyihii macangagga ahaa ee Kuuriyada Waqooyi, Kim Il Sung. Dawladdu waxay qandaraasyo ku siisay Dawladda Kuuriyada Waqooyi—oo ay lacagta adagi ciriiri ku ahayd—in ay dhisto dhawr taallooyin xusuuseed ah oo ay ka mid ahayd mid loo dhisay Sayid Maxamad Cabdille Xasan. Intaa waxaa sii dheeraa, madaxweynaha Soomaaliya waxa uu qaatay habkii hoggaamineed ee Kim Il Sung, isla markiibana waxaa la sameeyay boqollaal tabbeellayaal jidadka magaalooyinka lagu marriimay oo muujinaya madaxweynaha Soomaaliya oo gacantiisa midig u taagaya sidii madaxweyne Kim, si ay dadweynaha u tusaan 'mustaqbal barwaaqo ah.'

Xammaasadda loo qabay "Soomaali Weyn" iyo dhiirranaantii Madaxweynuhu waxay figta sare gaadheen sannadkii 1977, ka dib markii Soomaaliya ay taageertay dhaqdhaqaaqyadii Jabhadda Xoraynta Soomaali Galbeed (WSLF) ay ka wadday carriga Ogaadeen. Guulo dhawr ah oo WSLF gaadhay ka dib, ciidammadii Soomaaliya ayaa ku soo biiray colaadihii socday, ilaa dirirtii isu rogtay dagaal buuxa oo u dhexeeya Soomaaliya iyo Itoobiya, dagaalkaa oo markii dambe loo baxshay Dagaalkii Ogaadeen ee 1977–78. Ciidankii Soomaaliya waxaa mar dambe Ogaadeen ka soo saaray ciidammo xulufo ahaa oo ka kala yimid dawladihii hantiwadaagga iyo shuuciyadda oo ay hoggaaminayeen Kuubba iyo Midawgii Soofiyeeti. Hase yeeshee, sida ay qabaan ilo xogeed dhawr ah, Midawgii Soofiyeeti waxa uu dawladdii Itoobiya uga digay in ay dhulka Soomaaliya gasho.

Hanka Itoobiya waxa uu ahaa in ay xuduudka u durugsato ilaa iyo xeebaha Badweynta Hindiya. In kasta oo ay digniintii Midawga Soofiyeeti qaadatayna, in ay Badweynta soo taabato kama ay tanaasulin. Waxa ay sugtay uun fursad ay ku fuliso riyadii qarniyo soo jiitamaysay ee boqorradii Itoobiya. Qorshaha Itoobiya ay ku doonaysay in ay quruumaha deriska la ah xukunkeeda hoos keento waxaa la ogaa ilaa sannadkii 1897, markii Boqor Menelik II uu u soo bandhigay hoggaamiyayaashii Faransiiska, Jarmalka, Talyaaniga, iyo Ruushka. Ilaa waagaa Menelik II uu xukunka hayay, hoggaamiyayaashii isaga dambeeyay xukunka Itoobiya weligood ma sii dayn riyadii Menelik. Menelik waxa uu warqad u qoray boqorradii Yurub:

Aniga oo waagan ku raadjooga xuduudaha dhabta ah ee Boqortooyadayda waa in aan ku dedaalaa—haddii Eebbe nololosha ii daayo awoodna i siiyo—in aan dib u yagleelo xuduudihii hore ee Itoobiya; ilaa Kharduum, Harada Nyanza, iyo Gaallada oo dhan. Itoobiya waxa ay 14 qarni ahayd jasiirad Kirishtaan ah oo bad muskrikiin ah ku dhex taal. Haddii quwado meelo fog ka yimid ay doonayaan in ay qaybsadaan Afrika, waxaa iga go'an in aanan daawade uun ka noqon.

Sidii Weynuhu u ilaaliyay Itoobiya ilaa waagan, waxa aan ku qanacsanahay in uu sidaa u sii ilaalin doono oo uu mustaqbalka xuduudaheeda durkiyo. Waa aan hubaa in aanu hoojinayn oo aanay noqon mid ay kala qaybsadaan quwado kale.

Waagii hore xuduudka Itoobiya ilaa badda ayuu ahaa. Annaga oo aan u lahayn awood buuxda, wax taageero ahna aan ka helin quwadaha Kiristaanka, xuduudahayagii xeebuhu waxa ay u gacangaleen Muslimiin.

Haddadan la joogo, ma doonaynno in aannu xuduudahayagii xeebaha xoog ku soo ceshanno, laakiin waxa aannu aaminaynnaa in Quwadda Kiristaanka ee Shafeecuhu (Nebi Ciise, c.s) hagayo ay xeebtayadii noo soo celin doonto, inta ay doonto ha le'ekaato e, meelo uun xeebtaa ah.

– Addis Ababa, May 4, 1897[2].

Dagaalkii Ogaadeen markii uu cirka isku shareeray, Midawgii Soofiyeeti iyo Maraykan labaduba Soomaaliya waa ay dayriyeen. Si mooraalka ciidammada iyo dadweynaha kor loogu qaado, Xisbigii Hantiwadaagga Kacaanka Soomaaliyeed waxa uu qabanqaabiyay muddaharaadyo waaweyn oo Muqdisho iyo dalka oo dhan ka dhacayay, si Madaxweynaha iyo qabanqaabada dagaal ee socotay loo taageero. Muddaharaadyadaa mid ka mid ahaa oo ka dhacay Fagaaraha Sayid Maxamad Cabdille Xasan ee u dhow Golaha Shacabka ee Muqdisho, waxaa isugu soo baxay kumannaan dadweyne ah. Wasaaradda Warfaafinta iyo Hanuuninta Dadweynaha ayaa waxa ay keentay codbaahiyayaal lalis dheer oo sameecado xooggan loogu rakibay fagaaraha iyo agagaarkiisa. Madaxweynaha ayaa yimid oo halkaa ka jeediyay khudbad ay ereyadeeda ka mid ahaayeen, "Soofiyeetiga waxa aannu ku leennahay

---

2 http://www.somalitalk.com/abdirisaq/circular.html

cazzo! Maraykankana waxa aannu ku leennahay *cazzo!* [3] Taageeradooda uma baahnin! Dadkayaga iyo dalkayagaba annagaa ayaa xoreysanaynna.”

Bilihii xigay oo ololihii dagaalka ay caqabado ku yimaaddeen, Madaxweynuhu waxa uu isu beddelay qof waxa uu doonayo aan la garan karin, waxaana uu qaatay go'aanno badan oo uu ku degdegay oo dalka waddada burburka cagta u saaray.

Sannadkii 1978, ciidammadii Soomaaliya oo la soo jabiyey ayaa Soomaaliya dib loogu soo riixay. Dadweynaha iyo ciidammada—oo askartii iyo qalabkoodii intii badnayd ku waayay dagaalku—kuma ay qanacsanayn sida qorshaha dagaalka loo maamulay iyo natiijadii ka dhalatayba. Sidaa awgeed, bishii Abriil 1978'kii, koox saraakiil gadoodsan ah ayaa inqilaab dhicisoobay isku deyay, dawladduna waxa ay qabqabatay in badan oo ka mid ahaa saraakiishii lagu eedeeyay in ay ka dambeeyeen afgembiga, iyaga oo aan maxkamad qumman la saarinna waa la toogtay. Saraakiisha la toogtay badankoodu waxay ka soo jeedeen qabiilka Majeerteen.

Toogashadii degdegga ahayd ee saraakiishaa ka dib, saraakiil badan oo Majeerteen ka soo jeeda uuna ka mid ahaa aasaasihii jabhaddii Somali Salvation Democratic Front (ssDF), Kornayl Cabdullaahi Yuusuf, ayaa Itoobiya u baxsaday. Dawladdii Itoobiya waxay ku soo dhowaysay raynrayn sare, waxayna ka taageertay dhisiddii jabhadda oo uu hoggaaminayay Kornayl Cabdullaahi Yuusuf. Jabhaddaasi waxa ay ahayd tii ugu horreysay dhaqdhaqaaqa mucaaradka ah ee dalka Itoobiya oo cadaw soojireen ah u

---

3 Erey af Talyaani oo cay daran ah.

ahayd Soomaaliya gudihiisa laga dhiso. Wararka sheegaya aasaasidda ssDF ayaa degdeg u faafay, sannadihii xigayna siyaasiyiin iyo saraakiil Soomaaliyeed oo badan oo ka soo jeeda qabiilooyin kale oo habsiyaasadeedkii Soomaaliya ee markaa socdayna dhaliilsanaa ayaa waxay iyaguna aasaaseen dhaqdhaqaaqyo mucaarad oo qabiil ku dhisnaa oo Itoobiya ka hawgala. Qabiilka Isaaq waxa uu yeeshay Somali National Movement (sNM), qabiilka Hawiye waxa uu yeeshay United Somali Congress (usc), qabiilka Ogaadeenna waxa uu yeeshay Somali Patriotic Movement (sPM). Taa waxaa ka dhashay in dhaqdhaqaaqyadaa hubaysani ay riyadii guunka ahayd ee "Soomaaliweyn" naxashka ku hubsadaan.

Dhaqdhaqaaqyadii mucaaradku waxay isla markiiba bilaabeen yagleelidda garbo millateri oo dagaal dhuumaalaysi ah ku qaaday ciidammadii Xoogga Dalka Soomaaliyeed, kuwii nabadsugidda, iyo dad ama kooxo qabiillo Soomaaliyeed ka tirsanaa oo ay ku tuhunsanaayeen—sax iyo khaladba—in ay dawladda la shaqeeyaan. Kooxihii mucaaradku waxay durbadiiba guulo la taaban karo ka gaareen dagaalkii ay kula jireen Ciidanka Soomaaliya, taa darteedna dad badan oo ka mid ahaa ciidammada iyo shaqaalaha rayidka ah ayay soo jiiteen. Badanaa dadkii mucaaradka u galay waxay ka tirsanaayeen qabiillo gadoodsanaa oo rumaysnaa in aan laga qaybgelin maamulka siyaasadeed iyo fursadaha dhaqaale ee dalka.

Iyada oo dawladdu ay ka duulayso khatarta uga imanaysay dhaqdhaqaaqyadii mucaaradka ahaa ayay bilawday in ay si safmar ah u ciqaabto qabiilladii jabhadaha mucaaradka ah aasaasay. Waxa kale oo ay dad badan ka cayrisay shaqooyinkii ciidammada iyo kuwii rayidkaba. Waxaa yaraaday qabiilladii dawladda taageersanaa. Qabiilka Madaxweynaha ee Marreexaan iyo dhawr kale uun ayaa daacad u sii ahaa. Taa waxaa ka dhashay in ay dagaallada qabiilaysani kordhaan, liicitaankii qarandoonka Soomaaliduna waa uu ka sii daray. Waxaa ugu sii darnaa in siyaasadda qabiilaysani ay halkaa ka sii tisqaadday.

***

In kasta oo Kacaanku uu gefaf badan galay, dhanka kale waxa uu soo hooyay guulo la taaban karo. Sannadkii 1972 dawladdu waxay ku guuleysatay qoridda far af Soomaaligu yeesho (far Laatiin) oo ay u hirgelisay in ay noqoto tan rasmiga ah ee loo adeegsado maamulka dawladda iyo kan heerarka waxbarasho ee dugsiyada oo dhan lagu dhigto. Intaa waxaa dheeraa in dawladdu ay qaadday olole reer miyiga lagu barayay akhriska iyo qoraalka oo dalka oo dhan laga fuliyay (Ololaha Horumarinta Reer Miyiga). Dhammaan dugsiyadii iyo kulliyadihii waxbarashada sare ayaa muddo sannad ah la xiray, ardaydii iyo macallimiintiina waxaa loo kala diray in ay dadka degaannada miyiga ah deggan wax baraan, iyaga oo kaashanaya maamullada gobollada iyo degmooyinka, iyo ciidammada qalabka sida.

Dhammaadkii 1975'kii markii la marayay, waxaa ololihii akhris iyo qoraal lagu baray ku dhowaad labo milyan oo dadweynihii miyiga ah. Kacaanku waxaa kale oo uu guulo waaweyn ka gaaray horumarinta dhaqaalaha, waxbarashada, iyo waaxaha kale ee adeegyada bulshada. Hase ahaatee, ka qaybgalka siyaasadeed si daran ayaa loo cabburiyay, taana waxaa ka dhashay in Kacaankii ruuxiisu ugu dambayntii dhaco.

BATUULAA REERAHOODII AADDAY

Qablankii dirirta dagaalka ayaa xaafaddii aan degganaa ee koonfurta magaalada ku tiil ku soo dhowaaday. Xanta aan maqlayay waxaa lagu sheegayay in USC ay goobaha dagaalka oo dhan ku gacan sarreysay. Waxa ay u muuqatay in ciidammada dawladdu aanay dagaal niyad u hayn, dawladduna ma ay lahayn daw ay ujeeddada dagaalka kaga dhaadhiciso oo ay ku dhiirrigeliso in ay dirir kala hortagaan USC. Waxaa dadka badankiisa walwal ku hayay anfariirka laga qaaday dagaalka qarxay iyo isu hub urursiga qabiilaysan ee weheliyay, kuwaa oo keenay baqdin aad u weyn iyo filasho aan la hubin halka ay arrini cago dhigan doonto.

Mar dambe oo fiidkii ahayd ayaa aniga oo qolkaygii fadhiga jooga waxa aan oohin ka maqlay xagga qolkii hooyaday deggenayd. Si degdeg ah ayaan xaggii oohintu ka yeeraysay ugu dhaqaaqay, si aan u soo ogaado waxa meesha ka jira. Waxaan ugu tegay qolkii hooyaday, afadayda iyo walaashay oo ku foorara Batuula oo ahayd gabar noo shaqayn jirtay sannado badan. Markii aan warsaday waxa helay, afadaydii ayaa inta ay indho ilmo la qoyan igu soo eegtay igu tiri, "Batuulo way naga tegaysaa!"

Waxa aan wayddiiyay sababta ay u tegayso. Cidina iima ay jawaabin. Dabadeed, Batuula ayaan ku jeestay oo wayddiiyay sida wax u jiraan. Cod hoose oo gariir ka muuqdo ayay ku tiri, "Waalidkay waxay doonayaan in aan u tago."

Batuula waxa ay nala joogtay ilaa waagii ay 16 jirsatay. Waxa ay sidaa ku noqotay xubin buuxda oo qoyskayaga joogto uga tirsanayd, carruurtayduna aad ayaa ay u jeclaayeen. Waalidkeed waxa ay ahaayeen beeralay ku noolaa tuulo ilaa siddeed kiiloomitir bariga ka xigta magaalada Afgooye. Badanaa waa ay na soo salaami jireen, waxayna noo keeni jireen dalagyo beeraha ka soo go'ay, mar walba oo ay gabadhooda soo salaamaan. Sida caadada ahayd, dhawr beri ayay nala joogi jireen, si ay gabadhooda ugu cideeyaan 'mushaharkeedana' u qaataan. Waxa aan isku dayay in aan Batuulo ku qanciyo in aanay tegin una faahfaahiyay halisaha ay la kulmi karto, laakiin waxay ku adkaysatay in ay aroorta tagto oo ay raacdo dad kale oo tuulada reerkooda u socday.

Waa aan garowsaday walwalkeeda. Xaaladda nololeed ee Soomaalida ayay ka mid noqotay in qofku uu kalsooni buuxda ku dareemo keli ah tolkiisa dhexdooda. Waa fahan ka dhashay colaadaha soojireenka ah ee Soomaalida dhex yaal. Waayo badan ayay qabiillada Soomaaliyeed dagaallo isku qaadi jireen, gaar ahaan reerguuraagu, si ay u kala xigsadaan ilaha khayraadka ee ciriiriga ku ah—sida biyaha iyo dhulka daaqa leh. Colaadahaa joogtada ah, aanna la saadaalin karin ee khasaaraha miiraan ahi, waxay abuureen collow qotodheer, kala shaki, iyo feejignaan joogto ah oo ku abuuran maanka Soomaalida. Intaa waxaa u dheer, imaanshihii gumeysigii reer Yurub carriga Soomaaliyeed soo galay iyo siyaasadahoodii 'qaybi oo xukun' ayaa uga sii daray xiriirradii awalba xumaa ee qabiillada Soomaalida ka dhexeeyay, kuwaa oo marar badan wiiqay midnimadoodii ay dantooda guud ku difaacan lahaayeen.

In kasta oo dadku uu ka warqabay 'dhagarta weyn' ee quwadihii gumeystayaasha, marar badanna ay dagaallo dhiidhi ah kala hortageen (gaar ahaan gumeystayaashii Ingriiska, Talyaaniga, Xabashida, iyo Faransiiska), waa laga tab iyo hub badnaaday, dalkoodiina waxaa loo kala goostay shan gobol.

Mararka qaarkood, gumeystayaashii waxa ay ku guuleysteen in ay kala dilaan tolal degaan wadaag ah, iyaga oo dhexdooda ku beeraya kala shaki sii dabo dheeraaday oo qalalaase abuuray, xataa markii gobollo dhulka Soomaalidu degto ka mid ahi ay xornimo qaateen sannadkii 1960.

Markii ay dagaalladu ka bilowdeen Muqdisho, Janawari 1991'kii, waxa aannu sheekaysannay walaalkay Cabdi oo aan uga dambeeyay kuna jeclaa aqoonta uu u lahaa taariikhda Soomaaliyeed. Waxa aannu ka hadlaynnay tagtadii Soomaalida, markii uu la soo booday, "Taariikhdu waa ay soo rogaalcelisaa!" Waxa aan wayddiiyay, "Maxaad ka waddaa?" Waxa uu bilaabay in uu ka sheekeeyo sida qabyaaladdu ay Soomaali u bi'inaysay ilaa qarnigii 15'aad. Waxa uu yiri, "Ma xusuusataa in duullaannadii Axmad Guray uu kala hortegay fiditaankii xagga koonfureed ee boqortooyadii Xabashida oo ay taageerayeen boqortooyooyinkii Kirishtaanka danyar-raratada (feudal) ahaa ee Yurub ay ku joogsadeen geeridiisii?" Waxa uu raaciyay, "In yar ka dib, markii uu shiishyahan Boortaqiis ahi toogasho ku dilay, sannadkii 1543, ciidankiisii xoogga badnaa inta uu kala daatay ayuu dib u gurtay, iyagoo dadkii tubtii ay ku baxayeen degganaa sii bililiqaystay."

Si xushmad leh ayaan dooddiisa uga jawaab celiyay, "Waxa aan u haystaa in kacdoonkii Axmad Guray uu qayb ka ahaa dagaalladii jihaadka ahaa ee u dhexeeyay Muslimiinta iyo Kirishtaankii reer Yurub ee isku hayay gacan ku haynta Baytal Maqdis, iyo in uu ka mid ahaa ciidammadii Khilaafadii Cismaaniyiinta ee hoggaaminaysay jihaadyadii Muslimiinta. Waxaan u haystay in ciidankiisii lala jebshay ciidammadii kale ee dawladdii Cismaaniyiinta?"

Cabdi dooddaydii qaar ayuu igu raacay, "Waa dhab in uu qayb ka ahaa jihaadkii Saliibiyiinta reer Yurub looga difaacayay Baytal Maqdis. Hase yeeshee, ciidankiisu waxa uu ka koobnaa askar qabiillada Soomaaliyeed ka kala timid." Waxa uu raaciyay, "Sidaa si la mid ah, kacdoonkii Daraawiishta ee ka soo hor jeeday gumeystayaashii dalka soo galay waxaa ku midoobay qabiillo badan oo isu kaashaday Soomaalinnimo, laakiin taasi waxay dhammaatay markii qabyaaladi ka dhex bilaabatay, kacdoonkii Daraawiishtana sidaa ayaa lagu jebiyay."

Waxaan xusuusiyay, "Laakiin, taariikhyahanno badani waxa ay qabaan in kacdoonkii Daraawiishta la jebiyay ka dib markii ay joojiyeen dagaalkii garabbraradka ahaa, ee ay dhisteen qalcado lagu negaado, sida Taleex?"

Taa waa uu igu diiday, "Waxaa iyaguna jira

taariikhyahanno kale oo cambaareeya duqayntii xagga hawada ee Taleex, taa oo ahayd tii ugu horreysay ee Afrika lagu qaado." Waxa uu raaciyay, "Yeelkeed e, taasi maba ahayn ujeedkayga. Waxa aan doonayaa in aan caddeeyo in qabyaaladdu ay weligeed bulshada Soomaaliyeed kala daadin jirtay." Waxa uu ku sii daray, "Waa mar kale e, markii kacdoonkii Daraawiishtu dhammaaday, xisbigii SYL ee la aasaasay sannadkii 1943, waxa uu yoolkiisii gaaray 1960'kii, markii uu xornimo gaarsiiyay labo ka mid ah shanta gobol ee Soomaalidu degto."[1]

Walaalkay waxa uu intaa raaciyay, "Nasiibdarro, sannadkii 1969, dadka Soomaaliyeed waxay illoobeen halgankii iyo jirrabkii ay soo mareen iyaga iyo dhaqdhaqaaqii SYL, waxayna hurdadii ka kiciyeen cadowgoodii ugu darnaa ee qabyaaladda. Waxaa jiray in ka badan 84 xisbiyo siyaasadeed qabiil ku dhisan, markii ay ciidammadu xukunka afgembi ku qabsadeen sannadkii 1969."

Aammus dheer ka dib, waa uu sii watay hadalkii, "Ciidanku waxa uu talada u qabsaday in uu ka hortago in dalku burburo, maantana—ka dib markii uu hankii dadku muddo labaatan sannadood ka badan u qafaalnaa—taladii ayaa farahooda ka baxday. Ilaa iyo intii ay xukunka qabsadeen, waxaa halakeeyay qabyaalad, haddana waa innagaa u jeedna bilowga waa cusub oo ku tilmaaman halganno qabiileed oo talada siyaasadeed lagu kala riixanayo."

Sida uu walaalkay waayaha Soomaalida uga taariikheeyay ayaa iga yaabisay. Waxa aan ka baqayay in colaadaha hadda socdaa ay dalka ku ridaan qalalaase foolxun oo aan laga soo waaqsan, kuwaa oo ku salaysan colaado hoosaad qabiil iyo

---

1 SYL saamayn la sheegi karo kuma ay lahayn xornimadii Waqooyiga.

burburin lagu hoobto." Waxaan ku iri, "Sida ay qabiilladu siyaasadda ugu sii kala fogaanayaan waxa ay hurin kartaa 'dagaal sokeeye.' Waxa aan rejaynayaa in xikmadda *dagaal wiil baa ku dhinta e wiil kuma dhasho* ay gacanta sare yeelato oo dawladda, kooxaha mucaaradka ah, iyo Soomaalida wanaagga jecel—ee ay ka mid yihiin xubnaha Guddiga Manifesto ay heshiis gaaraan oo nabaddii ay soo celiyaan."

Walaalkay waxa uu muujiyay in uu rejo aan weynayn ka qabo in nabaddii la soo celin doono. "Dadkeenna aynnu sida roon u rejaynno!" Ayaa uu hadalkii si fudud ugu soo gabagabeeyay.

***

Codadkii midaynta Soomaalida ee Axmad Gurey, Sayid Maxamad Cabdille Xasan, SYL, iyo kooxihii kale ee ay ka mid ahaayeen Biyamaal, Saldanadii Hobyo iyo Majeerteeniya, culamo iyo dariiqooyin badan, ayaa Soomaalida ku boorriyay in ay dhulkooda iyo habnololeedkooda xejistaan, markii colaadihii qabiillada Soomaalida u dhexeeyay ay xoogaysteen oo faraha ka baxeen. Waxay ku adkeeyeen in ay dhowrtaan tiirarka aayahooda nololeed, dhaqan, iyo dhaqaale ee ka dhexeeya, intii ay waxyaalaha yaryar ee ay ku kala duwan yihiin buunbuunin lahaayeen.

Tusaale ahaan, hoggaamiyihii Daraawiishta, Sayid Maxamad Cabdille Xasan, waxa uu Soomaalida ku boorriyay in ay 'hubka qaataan oo gumeystayaasha doonaya in ay addoonsadaan la diriraan.' Waxa uu adeegsaday xeeladda gabayga, si uu u dhiso oo u agaasimo awood Soomaaliyeed oo ay gumeystayaasha isaga caabbiyaan. Waxa uu isku urursaday ciidan xoog leh, Soomaalida oo dhanna waxa uu ku dhiirrigeliyay in ay diintooda iyo dalkooda difaacdaan.

Sidaa si la mid ah, labaatan sannadood ka dib geeridii Sayidka, baaqii midnimada ee SYL ayaa dalka laga maqlay. Waxa ay xubnihii xisbigu u ololaynayeen in ay joojiyaan colaadda qabiillada dhex taal, waxayna horseed u noqdeen midnimo iyo madaxbannaani. Baaqii baraarujinta ee Leegadu (SYL) waxa uu ahaa:

"Soomaaliyey toosoo,
toosoo isku tiirsada ee,
hadba kiinna taag daraneey,
taageera waligiinnee!"

Intii u dhexaysay 1960'kii ilaa 1969'kii, hoggaamiyaha Jamhuuriyaddu ma awoodin in uu dhidibbada u aaso dimuqraadiyad taabbagal ah. Aragtidii qarandoonka Soomaaliyeed ee ay adeegsatay SYL ee ay 1960'kii ka dhalatay madaxbannaanida iyo Jamhuuriyadda Soomaaliya, waa ay tabaryaraysay, ka dib markii musuqmaasuq iyo eex qabiil ay dalka ku baaheen. Sidii aan hore u soo sheegay, in ka badan 84 xisbiyo siyaasadeed oo qabiil ku dhisan ayaa loo diiwaangeliyay in ay ka qaybqaataan doorashadii qaran ee 1969'kii. Tartankii adkaa ee xisbiyada u dhexeeyay dartii, waxaa iska caddayd in dalku uu qalalaase ku sii durkayay.

Si loo baajiyo khatartii soo fool lahayd ee dalku ku socday, ciidankii qaranka—oo ahaa awoodda keli ah ee midaysan ee dalka ka jirtay—ayaa 21'kii Oktoobar 1969'kii, afgembi fuliyay oo xukunkii la wareegay. Taasi waxa ay ka hortagtay in uu dalku u kala jajabo talisyo qabiil.

Bayaankoodii ugu horreeyay waxa ay ku baahiyeen in ay 'dalka qabyaalad ka badbaadinayaan.' Isla markiiba waxa ay shaaciyeen barnaamijyo qabyaaladda looga hortegayo, iyaga oo warbaahinta adeegsanaya. Mid ka mid ah halkudhegyadii ugu caansanaa ee qabyaaladda lagula dagaallamayay waxa uu lahaa: *Noo sheeg waxaad taqaan ee ha noo sheegin ciddaad taqaan*.

Nasiibdarro, habfikirka Soomaaliyeed waxaa ku xididaysatay caadada ah "innaga iyo iyaga", kaa oo laga gudbi waayay, siyaabo kala duwanna uga muuqday qaybaha kala duwan ee bulshada. Waxa ay reebeen in loo adeegsado ku qiimaynta maqaamka bulsheed, dhaqaale, iyo siyaasadeed ee qof ama koox. Waxay ku dhawaaqeen in Soomaalida oo dhan ay sharciga u siman tahay, waxayna xoogga saareen burburka ka dhasha qabyaaladda iyo saamaynta aan laga soo waaqsan ee uu ku reebo qaranka iyo midnimadiisa. Waxay soo saareen sharciyo reebaya qabyaaladda—nooc ay doontaba ha ahaato e.

Dhawr bilood ka dib, markii uu afgembigii u xuubsiibtay kacaan ay hoggaaminayaan Golihii Sare ee Kacaanku, waxaa la go'aansaday in qabiilka sidiisaba la aaso. Ka dib olole ballaaran oo lagu qaawinayo dabeecadaha iyo seeflabboodnimada ay qabyaaladdu leedahay, ammin ayaa loo qabtay gebigiisaba in la 'aasi' doono. Maalintii la aasayay galabteedii, dadweynihii ayaa iyaga oo kooxo ah isugu soo baxay fagaarayaasha bulshada ee magaalooyinka iyo tuulooyinka dalka oo dhan. Waxay dhiseen cucubyo foolxun oo laga dhigayo qabiilkii, godad ayaa ay qodeen, dabadeedna si xamaasad leh ayaa ay u xabaaleen. Hase ahaatee, dad badan ayaa ka shakisanaa go'aanka dawladda iyo ololahaba.

Si ay ahaydba, waxa ay goosteen in ay kula dhaqmaan wax ay ku magacaabeen xeelado "dabo soco" ah, si aan kacaandiidyo loogu dhejin. Waxa aan xusuustaa nin aannu saaxiib ahayn oo ii sheegay wixii ay maalintii aaska faleen. Waxa uu macallin ka ahaa Dugsiga Dhexe ee Xamar Jajab ee ku yaallay meel Badweynta Hindiya dacalkeeda ah. Markii aan warsaday aaskii qabyaaladda ee ay dugsiga ku qabteen, waxa uu si maad leh iigu yiri, "Waan ka xumahay! Way naga baxsatay! Qabri ayaannu u qodnay oo salka u dhignay. Nasiibdarro, intay ka soo boodday ayay badda isku tuurtay!" Waxa uu intaa raaciyay, "Laakiin dhaawac xun ayaa gaaray oo meel dheer dabaal ku tegi mayso ama muddo dheerba sii noolaan mayso!"

Su'aaluhu waxay ka taagnaayeen, waa maxay sababta ay qabyaaladdu Soomaalida uga dhammaan la'dahay? Maxay tobankii sannadoodba mar u soo labakaclaysaa oo ay balaayo uga dhacdaa? Maxay Soomaalidu qabiilkooda uga kalsooni badan yihiin dawladda?

Jawaabaha su'aalahaas in la ogaadaa ma fududayn, laakiin waxaan rumaysnahay in dadka caadiga ahi ay nabadgelyo ku dareemaan tolkood dhexdii dawladdana aanay wanaag badan ku ogayn.

Markii dagaalku Muqdisho ka qarxay bilowgii 1991'kii, dadkii doonayay in ay magaalada ka cararaan badankoodu ma aysan garanayn meel ay aadaan. Meelaha tolkood dego badanaa waxay ahaayeen kuwo gobollo fogfog oo dalka ah ku yaal, 'qabiillo cadow ah' ama mooryaan aan la isku aammini karin ayaana jidadka loo maro haystay. Gaadiid la'aan ayaa iyaduna dhib kale oo weyn ahayd.

In badan oo dadkii Muqdisho degganaa ahi weligoodba carriga tolkood dego may arag, reer tolkoodna ismaba ay aqoon. Tallanka dadkaasi waxa uu u dhexeeyay in ay halkooda ku negaadaan oo ay fishaan in lagu laayo ama sida Batuula ay isku dayaan in ay gaaraan degaanka tolkood dego oo u bareeraan khatarta ah in ay jidka ku dhintaan. Dadka badankii, mugdiga mustaqbalka soo aaddani leeyahay waa ay dareensaayeen, waxa ay rejeeyeen in mar uun degdeg dawladdan loo waayo, sidii dhedo subxeed lamadegaan joogta, yaanayba war u hayn waxa xigi doona e!

***

Markii dagaalladu bilowdeen ayay noloshii dadka magaalada deggenaa aad u adkaatay. Walwal nololeed ayaa ku habsaday dhammaan, dadkuna waxay baqdin weyn ka qabeen arrin aanay ogeyn halka ay ku dambayn doonto. Sidaa awgeed, waxay doonayeen in ay mar uun magaalada isaga baxaan. Si fiican ayaan u dareensanaa sababta ay Batuulo u baqaysay oo ay u go'aansatay in ay reerkeedii Afgooye agteeda deggenaa aaddo.

Berisamaadkii wacnaa ee Soomaalidu ay deriskooda aammini jireen ayaa sidaa ku tegay. Waa waayadii xilliyada ciidaha la isbooqan jiray, wax la wada cuni jiray oo la wada haasaawi jiray. Waa waayadii ay carruuruhu jidadka ku cayaari jireen cabsi la'aan, qosolka iyo raynrayntoodu ay hawada qabsan jireen, haybta tolkood aanay garan jirin, waalikoodna uu samaanta deriskooda ka war hayn jiray. Waxay ahayd waagii dadka oo kooxo iyo lammaanaba leh inta ay dhar midabbo cuddoon leh ku soo labbistaan habeennada jidadka lugayn jireen, iyaga oo aan wax walwal ah qabin, carruurtooduna ay iyaga oo dhar cusub ku wada labbisan xilliyada ciidaha xaafadaha ku wareegi jireen, si ay hadyado uga urursadaan. Xilliyada fasaxyada damaashaadyo ayaa cirka isku shareeri jiray oo kumannaan daawadayaal ahi ay buuxi jireen garoommada cayaaraha, iyaga oo ku dheeraysanaya taageerada iyo u sacabbinta kooxahooda kala duwan. Waayahaa berisamaadka, ka hor intii aan gaadiidka casriga ahi iman, Soomaalidu gobol ilaa gobol waxay u kala socdaali jireen iyaga oo aan jiscin iyo sahay cunno ama lacageed midna sidan, waxaana martigelin jiray oo quudin jiray dad aanay weligood hore ula kulmin.

KALAGEYN QABIIL

Kooxo ka koobnaa xagjirro taliskii jiray taageersanaa iyo hoggaamiyayaashii jabhadihii USC-dii Hawiye, SNM-tii Isaaq, iyo kooxo kale oo yaryar ayaa si isa soo taraysa waxay ugu guulaysteen in ay colaaddii taagnayd u rogaan dagaal u dhexeeya iyaga iyo Daarood. Waxaa sii batay qulqulka dadkii ka soo qaxayay goobaha dagaallada ee dhanka koonfureed ee magaalada soo gaarayay. Dadkaasi waxay xaqiijiyeen in dagaalku ka sii darayay iyo in USC ay ku dedaalaysay in ay taliska riddo inta aan taageeradeedu wiiqmin. Hoggaan dhaqameedyadii Hawiye, siyaasiyiin, iyo waxgarad si joogto ah ugu kulmi jiray Hoteel Lafaweyn ayaa si cad u shaaciyay taageeradooda USC, dawladdana ugu baaqay in ay xukunka ka degto.

Nasiibdarro, labada dhanba markii hore oddoros aan qumanayn ayay colaadda hurtay ka haysteen. Waxay USC malaynaysay in ay taageero midaysan ka helayso dadweynaha oo ay guul degdeg ah gaari doonto marka Madaxweynaha iyo ciidankiisu ay cararaan, dhabtuse waxay ahayd in Hawiye qaarkii uu dawladda taageersanaa. Dhanka kale, dawladdu waxay yaraysatay awoodda mucaaradka, waxayna u malaynaysay in ay ka kooban yihiin xoogaa qawlaysato ah oo bililiqo uun danaynaya. Dawladdu waxaa kale oo ay u haysatay in malleeshiyada mucaaradku aanay lahayn tababbar ciidan, agaasin qumman, iyo hoggaamin oo ay dhawr beri ka dib iska kala yaaci doonaan.

Hase yeeshee, markii dagaalku toddobaad socday ayay qolo walbaa ogaatay in sidii ay filayeen ay xaaladdu aad uga duwan tahay. Taageerayaasha mucaaradku waa ay badnaayeen, Hawiye iyo qabiillo kale oo raacsanaa oo keli ah kuma koobnayn e, waxaa weheliyay jabhaddii SPM ee Ogaadeenka oo Muqdisho aanu ciidan qummani ka joogin, iyo jabhaddii SSDF ee Majeerteenka. Intaa waxaa dheeraa, ciidammada mucaaradku waxay lahaayeen quwad aan la dhayalsan karin oo ku dagaallanka magaalooyinka si ba'an u yaqaannay. Dawladdu waxa ay ugu dambayn garawsatay in ay aad u adag tahay in ciidammada USC la jabiyo inta ay taageero ballaaran ka haystaan Hawiye badankii, dagaalkana ay halkaa ka sii waddo.

Malleeshiyada USC dib ayay isu habeeyeen, si ay u soo dedejiyaan rididda taliska, tol walba oo hawiye ahna waxay u xilsaartay aag ay "xoreeyaan" ama difaacaan. Dawladdii waxay kaga jawaabtay xeeshii USC in ay ciidammadeedii ka hawlgeliso aagag muhiim ah, si ay uga hortagto istiraatiijiyadda cusub ee USC. Waxaa kale oo ay labada dhinacba taageerayaashooda ka dhex bilaabeen olole kala qaybin oo khatar lahaa, iyaga oo fidinaya beenabuurro sheegaya in "cadowgoodu" ay ku tashadeen in ay baabi'iyaan. Waxaa caddaatay in malleeshiyada USC ay ka go'nayd in ay ridaan wax ay ugu yeereen 'taliska Daarood', waxayna xoogga saareen in dadweynaha Daarood oo dhan laga saaro Muqdisho oo badda lagu daro. Waxaa kale oo jiray in kooxo Daarood ah oo ay dhiirrigelisay dacaayadda dawladdu ay bilaabeen in ay is-urursadaan oo isdifaacaan. Hase yeeshee, qabiilladii aan jabhado mucaarad ah Adis Ababa ka dhisan ama aanay Itoobiya maalgelin qalabaynna, ma aanay awoodin in ay si qumman isu urursadaan oo isu difaacaan.

Haddiiba ulajeeddadii USC ee barakicinta Daarood ay caddaatay, siyaasiyiin iyo ganacsato waaweyn oo Daarood iyo Hawiye ka kala socda, oo haddii aanu dhinacoodu dagaalka socda ku guuleysan wax badan ku waayayay, ayaa bilaabay in ay tolalkood kiciyaan, kuwo kale oo aan dhinacyada waaweyn ee dagaalka isku haya ahaynna ay isxulufaysi la galaan. Dhinac walbaa saanad ayuu urursaday, ciidammo la isu dumayna goobaha dagaalka ayaa loo dirtay. Xataa dhallinyaradii dibjirrada ahaa ee aan weligoodba nolol wanaagsan dhadhamin ayay ku qalqaaliyeen in ay dagaallada galaan oo ay "sharafta tolkood" difaacaan. Shirarka tolalka oo dhan, siyaasiyiinta dadka isugu yeerayay waxay xoogga saarayeen ku celcelinta "karaamadii tolku lahaan jiray, macagiciisii sharafta lahaa, iyo haybaddii ay dadka ku dhex lahaayeen." Dabaddeed waxay dadweynihii dhegaysanayay ka dhaadhiciyeen in difaacidda intaasiba ay muhiim tahay.

Labada dhinacba shirar joogto ah ayay qaban jireen, hadallo kicin daran leh ayaa ay jeedin jireen, dadkana inta ay hub u qaybiyaan ayay furimaha muhiimka ah ee dagaalka magaalada ka socda u diri jireen.

Dadkii caadiga ahaa waxaa jahawareer ku riday dacaayadihii warxumatashiilka ahaa ee dhan walba lagaga soo ridayay, taasina waxay ku keenatay in xogta lagu kalsoon yahay iyo kutirikuteentu ay isaga dhex yaacaan oo xog talo lagu goosan karo aanay jirin. Sidaa ayay dadka uga hoos baxday in ay ogaadaan in dagaalku uu sidiisaba ku salaysan yahay loollan awoodeed u dhexeeyay qofaf si sharci ah xukunka dalka ku qaban kari waayay iyo hoggaamiyaha taliskii markaa xukunka hayay. Dad badan ayaa sidii dhab aan la dhaafi karin u qaatay dacaayadaha nacaybka qabiil ku dhisan ee la baahinayay.

In kasta oo nabadgelyada magaaladu ay faraha ka sii baxaysay, dadka badankooda oo dacaayadda dawladda in badan ku dhegabarjoobay, heerka xun ee xaalku marayo maba aysan ku baraarugsanayn. Dacaayadda marinhabaabinta ah ee dawladdu sideedaba meel loo raaco ma ay lahayn, waxaana har iyo habeen lagu dhawaaqi jiray "Kacaanka Barakaysan" waa lamataabtaan, mar walbana cadawgiisa cagta ayuu ka hoos mariyaa. Dadka qaarkii waxay ka shaki qabeen in ballanta Kacaanku ay wax aan la fulin karin ahayd, dad kalena waxay rejaynayeen oo keli ah mar uun in dhinacyada diriraya uu midkood guulaysto oo uu nabaddii soo cesho.

Hase ahaatee, dadka qaarkii daah kama uu saarnayn khatarta kaga iman kartay in lagu dhibaateeyo keli ah qabiilka ay ka dhasheen dartii. Sidaa awgeed, ma aanay sii sugi karin xal dawladdu keento. Marwadayda ayaa ka mid ahayd dadkaa filanayay colaadin qabiil iyo barakicin.

Waxay kaxaysatay carruurtayadii oo saddex ahaa waxayna sii raacday reerkoodii oo magaalada Kismaayo ee koonfurta dalka ku taal u qaxayay. Sidaa oo kale, qoysas badan ayaa inta ay wixii ay haysteen ku rarteen baabuur yaryar—kuwa xammuulka qaada—iyo xataa gaaridameerro, xaafaddeennii ka guuray. Hooyaday oo jirka inta luqunta ka hoosaysa ka curyaantay, walaalkay iga yar, walaashay, iyo walaalkay iga weyn iyo wiil uu dhalay oo xaafadda deggenaa guryahayaga ayaan joognay. Qablanka ka baxayay madaafiicda goobaha dagaalka ka dhacaya iyo urta baaruudda ayaa baqdintii aannu qabnay nooga sii daray.

Walaalkay iga weyn waxa uu ahaa nin sida Soomaalida lagu yaqaan subixii kallaha, si uu u waraysi tago maalintaa wixii dhacay. Duhurkii ayaannu masjidka ku kulannay. Markii aannu tukannay ayaan wayddiiyay bal wixii maanta magaalada war jiray iyo waxa dagaalladii socday ka soo cusboonaaday.

"Dadku waxay isla dhex marayaan in malleeshiyada usc ay diyaar u tahay in ay weerar kamadambays ah ku qaadaan Villa Somalia iyo goobaha muhiimka ah ee ay dawladdu haysato." Ayuu igu yiri. "Waxaa dhici karta in dagaalku sidaa ku soo afjarmo."

Aammus dheer ka dib, waxa uu raaciyay, "Jilib walba oo Hawiye ka mid ah waxaa lagu qaybshay in aag gooni ah uu xoreeyo ama difaaco. Abgaal waxaa lagu aaddiyay in uu xoreeyo degmooyinka Boondheere, Wardhiigley, iyo xaafahada ku dhow suuqa Siinaay (Isgoyska Siinaay). Habargidir waxaa lagu aaddiyay xaafadaha Suuqa Xoolaha, Liido, Kaambo Amxaaro (Degmada Cabdicasiis), iyo in ay hoggaamiyaan weerarka lagu qaadayo fariisimaha dawladda ee ay Villa Somalia ka mid tahay. Jilibyada kale ee Hawiye waxaa lagu qaybiyay in ay difaacaan aagagga 'la xoreeyay', agaasinka iyo qaybinta saadka, iyo daboolidda baahiyaha dagaalyahannada furimaha dagaalka ku jira." Guddiyadaasi waxay gadaal u xuubsiibteen 'guddiyo qorshayneed', waxayna hawlfududeeyeen barakicintii bulshada, gaar ahaan shacabkii Daarood ka soo jeeday.

Ka dib markii aan wayddiiyay waxa ay Daroodku samaynayeen, waxa uu igu yiri, "Daarood uma midaysna kooxaha diriraya. Jilbaha Daarood qaarkood waxay la daaladhacayaan in ay iyagu uun isdifaacaan. Majeerteenku waxay fadhiisin ka dhigteen Shiirkole Ofishaale iyo Isbartiibada (garoonka kubbadda), Ogaadeenkuna waxay fariisin ka yeesheen aagga Xarunta Guulwadayaasha (ka ag dhow Wasaaradda Gaashaandhigga). Jabhadaha SSDF iyo SPM ee Afgooye ku sugan waxay ilaa xad gacansaar leeyihiin garabka USC ee Caydiid."

Waxa aan wayddiiyay waxa ay Marreexaan iyo Dhulbahante qabanayeen. Waxa uu iigu jawaabay, "Dhulbahantuhu waxay dhallintoodii isku urursadeen aagga Carwada Qaranka, Marreexaankuna waxay qayb aad u weyn ka yihiin xoogagga difaacaya dawladda, lamana ay dhacsana doorka ay jilbaha kale ee Daarood difaaca dawladda kaga jiraan." Waxa uu intaa ii raaciyay, "Hoggaamiyayaasha Marreexaan ee dawladda daacadda u ahi waxay ciidammadooda fariisin uga yeesheen Xerada Ciidammada 77, Hoteel Taleex, Fagaaraha kowda Julaay (Tarabbuunka) iyo Villa Somalia. Hase ahaatee, marka loo eego tirada iyo saadka ballaaran ee ay USC haysato, waxa ay u muuqataa in ciidammada taliska dedaalkoodu uu ka dhigan yahay uun kayn gubanaysa oo koob biyo ah lagu firdhiyay."

Waxa aan wayddiiyay waxa uu war ka hayo jabhadda SNM iyo qabiilka Raxanweyn.

"Waxaa la soo sheegay in SNM ay caawinayso malleeshiyada USC ee Muqdisho ka dagaallamaysa. Dadka qaarkood waxay sheegayaan in ciidammo SNM ka tirsan ay ridayaan hubka waaweyn ee USC ee ay ka mid yihiin madaafiicda difaaca cirka. Waxaa kale oo la og yahay in SNM ay hawlgallo ka waddo waqooyiga dalka, halkaa oo ay ka aasaaseen xukun degaameed oo ka shaqaynaya adeegyada dadweynaha. Dhanka kale, qaar ka mid ah hoggaamiyayaasha Raxanweyn ayaa waxa ay imminka ka shaqaynayaan furidda aag dagaal oo cusub iyo malleeshiyo hubaysan, waxayna gacan siinayaan xoogagga USC."

Malaha, walaalkay oo ahaa nin aad Soomaliweyn u ayidsan, waxa uu u muuqday in aanu ka warqabin ama aanu wax badan ka ogayn colaadda Daroodka ka dhanka ah ee bilaabatay.

6'dii Sibtambar 1954'kii. Markii ugu horraysay ee calanka Soomaaliyeed ee buluugga dhexda xiddigta cad ku leh ah laga taago xaruntii maamulka daakhiliga ah ee Muqdisho. Waxaa weheliya calankii Talyaaniga (dhexda) iyo midkii Qarammada Midoobay. Xigasho: Somalia, The Untold History: 1941 - 1969, Mohamed Trunji.

26'kii Juun 1960'kii. Markii ugu horraysay ee calanka Soomaaliyeed laga taago carro Soomaaliyeed oo xor ah. Sawirka waxaa ku mahadsan: Safiya Caydiid. Xigasho: Somalia Uncensored: Commemorative Issue, 21ˢᵗ Anniversary of Somali Independence and Unity, London, June-July 1981.

Amiir Axmad Ibraahiim al-Qaazii (1529–1543) [Axmad Gurey] waxa uu dagaallo kala hor tegay fididdii koonfureed ee boqortooyadii Xabashidu isku ballaarinaysay Saldanadiisii Adal. Amiir Axmad waxa uu dagaal ku jabiyay dhawr boqor oo Xabashi ahaa, isaga oo wata ciidan badankiisu Soomaali ahaa. Sidaa ayuu afarmeelood saddex carriga Xabasheed taliskii Soomaaliyeed ee Adal u hoos keenay. Dagaalladaasi waxa ay soo afjarmeen markii ciidan macatabkudirir ah oo Yururbta Kirishtaanka ah ka yimid, uuna hoggaaminayay Boortaqiis, ay dagaalka ka soo galeen dhanka Xabashida. Amiir Axmad waxaa gaadmo ku dilay shiishyahan Boortaqiis ahaa.

Sayid Maxamad Cabdille Xasan waxa uu ka mid ahaa halgamayaashii gumeysiladirirka ahaa ee Afrika. Waxa uu aasaasay oo hoggaamiyay dhaqdhaqaaqii Daraawiishta (1889 - 1920) ee la dagaallamay quwadihii gumeystayaasha ee carriga Soomaalidu degto shanta u kala qaybiyay. Waa aabbihii qarandoonka Soomaaliyeed iyo aasaasihii dawlad Soomaaliyeed, taa oo ay aqoonsadeen dhawr dawladood oo ay ka mid ahaayeen Khilaafadii Cismaaniyiinta iyo Jarmalkii xilligaa talinayay.

1943

Tani waxay ahayd astaantii SYL (Somali Youth League) ee la aasaasay 1943'kii. Sannadkii 1960, halgan maxmiyadeed ka dib, Leegadu waxay u soo joogtay xornimadii Koonfurta iyo midowgii labo ka tirsan shanta gobol ee carriga Soomaalidu degto, oo badankooda gumeysi Yurub haystay. Ka dib, Leegadu waxay noqotay xisbi siyaasadeed, waxayna ku guuleysatay doorashooyinkii qaran ee 1960'kii iyo 1969'kii. Intii uu xukunka hayay, Xisbigii Leegada waxaa ragaadiyay musuqmaasuq iyo qabyaalad baahay, waxaana ugu dambayntii xukunka afgembi millateri lagaga qabsaday 21'kii Oktoobar 1969'kii.

Raysalwasaare Cabdullaahi Ciise Maxamuud (1921–1988) waxa uu ka tirsanaa Golihii Dhexe ee SYL. Ka dib, waxaa loo xushay in uu noqdo raysalwasaarihii ugu horreeyay ee Soomaaliya (29'kii Feberwari 1956'kii ilaa 1'dii Julaay 1960'kii), ka dib markii dalku galay xukunkii daakhiliga ahaa ee Qarammada Midoobay (1950–1960). Madaxweynenimo uma aanu tartami karin, da'diisa darteed. Madaxbannaanidii ka dib, waxa uu dalkiisa u qabtay jagooyinka wasiirka arrimaha dibedda iyo danjiraha Talyaaniga u fadhiya. Intii uu Raysalwasaaraha ahaa, dalkiisa si sharaf leh ayuu ugu adeegay, Soomaali bandanna waxay ku xurmayn jireen daacadnimadiisii, hufnaantiisii, iyo in aanu isku dayin in uu jagada madaxweynanimada leexsado 1960'kii.

MW. A.C. Cusmaan   MW. C.C Sharma'arke   RW. C X. Xuseen   RW. M. X. I. Cigaal

Madaxdii Jamhuuriyadda Soomaaliya (1960–1969) waxa ay ku guuldarraysteen in ay hirgeliyaan xukun siyaasadeed oo dimuqraaddi ah, waxaana ka xoog batay siyaasadda qabiilka. Markii taliskoodii ugu dambaysay, 1969'kii, dalka waxaa ka jiray in ka badan 84 xisbiyo siyaasadeed ah oo qabiil ku dhisan. Waxaa iyagana xukunka ka ridday isla siyaasaddii qabiilka ee markii horeba awoodda xukunka gaarsiisay.

Kor. A. S. Cabdalle   Jan. M. C. Samatar   Jan. M.S. Barre   Jan. X. K. Afrax   Kor. A. Faarax

(1969–1991) Xubnihii hoggaanka Golihii Dhexe ee afgembigii 21'kii Oktoobar 1969'kii. Si ay bulshada uga ciribtiraan tolaysiga, waxay habsiyaasadeedka Soomaalida ku soo dareen fikrado shisheeye oo ay ka mid ahaayeen Hantiwadaagga Cilmiga ku Dhisan, waxayna wax ka beddeleen habdhaqanka siyaasadeed ee bulshada Soomaaliyeed. Ugu dambayntii, waxaa ka xoog batay habsiyaasadeedkii qabiilka ee ay islahaayeen baabi'iya! Kacaankaa waxaa xukunka ka tuuray kooxo qabiileed mucaarad ah oo xikmadda siyaasadda hungo ka ah.

Kor C. Y. Axmad   Jan. M. F. Caydiid   Md. C. A. Cali (Tuur)   Kor. A. C. Jees

(1989–?) Qaar ka mid ah hayleeyadii qabiil ee Soomaalida, kuwaa oo aasaasay kooxo mucaarad qabiil ku salaysan ah ee tolalkood ku hoday fikradda ah in ay xukunka u qabanayaan. Midnimadii iyo Soomaalidoonkii ayay god ku tuureen, lana yaabi maayo haddii ay tolalkood taallooyin xusuuseed u dhisaan.

DIFAACII BILILIQADA

Maanta aroortii, markii salaadda subax la tukaday ayuu dagaalkii dib u bilowday. Toddobaad qalalaase iyo kala yaac miiran ahaa dabadii, waxa aan go'aansaday in aan soo salaamo saaxiib Masri ahaa, si aan bal xaaladda u soo qiimeeyo. Waxaan ku labbistay macawis iyo cimaamad madaxa iigu duubnayd oo aan isku qarinayay. Intii aanan bixin ayaan qolkii hooyaday galay, halkaa oo markii ugu horreysay maalmo badan ka dib inta ay dhoollacaddaysay igu tiri, "Geeljire ayaad u eg tahay!"

Aniguna inta aan ku qoslay ayaan ku iri, "Asalkaygii geeljirennimada ayaan u laabanayaa!" Markii aan iyada iyo walaashay u sheegay in aan doonayo in aan dibedda u baxo, waxay igu baryeen in aan joogo, waxa aanse ku adkaystay in aan baxayo, aniga u ballanqaadaya in aan degdeg u soo laabanayo.

Illinkii hore ayaa inta aan ka baxay xiray oo isla markiiba

jiirada ka dambaysa xaafadda Afrikaan Filij (African Village) cagta saaray. Si degdeg ah ayaan ku gaaray isgoyska waddooyinka Siinaay iyo Shaqaalaha. Dad badan oo malaha dagaallada ka soo barakacay jidadkana buuxdhaafshay ayaa dhanka Siinaay ka soo qulqulayay. Dadkaa waxaa ku jiray waayeel iyo dumar xirmooyin alaabo ah madaxyada ku sita oo carruurahoodiina ay dabo socdaan. Kuwo kale waxay riixayeen gaarigacanno ay dad waayeel ah ku sidaan. Socodkooda jaantu sida askar gaardiyaysa isu qabsatay ayaa waxaa ka dhashay habdhac u ekaa in uu si layaab leh tamar iyo yididdiilo nololeed u gelinayay. Madaxyada wada mukaysan ee dadweynahaa tirada badan ayaa waxay sidii roog goglan isu haysteen laga bilaabo halka ay ku dhammaato waddada Siinaay ilaa Isbitaalka Digfeer iyo ka shishe.

Waxay u ekayd in dadku ay u qaxayeen dhanka Degmada Madiina. Sida ay u degdegayeen waxa ay i xusuusisay muuqaalka filin duurjoog dab kayn galay ka baxsanaysa. Dadka waxaa ka muuqday maahsanaan iyo baqdin daran, jabaqda keli ah ee dadka sunsunkooda ka dhex yeeraysayna waxay ahayd uun oohinta carruuraha. Xagga waddada Siinaay ayaan dib u eegay. Halkaa waxaa iiga muuqday muuqaal dareen leh oo ah dad ilaa inta ishu qabato isdabo socda.

Dadkii qaxayay ayaan aniguna baasha ka raacay. Dadka qaarkii ayaa mar mar i soo eegayay, laakiin isla markaba iyaga oo aan ereyna igu oran iga jeedsanayay. Dadka indhahoodu meel aan dhoweyn ayay ka muuqdeen, sidii iyaga oo daloolaati haawanaya sii eegaya. Markii aannu Isbitaalka Digfeer aaggiisa u sii dhoweyn ayaannu maqalnay rasaas dhanka Degmada Madiina ka soo dhacaysa. Rasaastii dhacaysay waxay nagu duwday kooxo bililiqadoon ah oo si habqan ah u wareegaalaysanaya jiirooyinka xayndaabyo balballaaran oo ay ku yaallaan fillooyin qurxo badan. Waa ay iska caddayd in ay u tabaabulshaysanayeen in ay weerar ku qaadaan waardiyayaasha fillooyinkaa oo ay guryaha bililiqaystaan.

Fillooyinkaasi waxay degaan u ahaayeen dad muhiim ah oo badankoodu ka koobnaa madax sare oo Dawladda Soomaaliya ka tirsanaa, ganacsadayaal kala duwan oo maalqabeenno ahaa, iyo sidaa oo kale danjirayaasha dawlado shisheeye dalka u joogay. Waardiyayaashii xaafaddu kor ayay xabbado u ridayeen, si ay bililiqadoonka ugu quusiyaan. Waxay u muuqatay in kuwii xukunka dalka ku takrifalayay ee sharciga dalkuba uu hadalkooda oo qur ah ahaa, ay hadda ku adkaatay in ay ku faro adaygaan hantidii ay dadkii ay xukumayeen hore uga dhaceen. Weligay xataa kuma aanan riyoon in aan mar uun arko lamataabtaankii xukunka dalka ku takrifalayay ee darajooyinka isa siiyay oo iyaga oo carada dadweynaha foolkafool u dhadhaminaya "xeerka kaynta" lagu qaadayo. Cidina kuma aanay tashanayn in dadkii ku socday gawaarida raaxada ah ee darawallada gaarka ahi ku wadaan ee qoorxiradda qaansoolaha ah xiran jiray, sidii caruusyada, ay sida jiirka godad ugu dhuuman doonaan.

Cidina ma ay rumaysanayn in dadkii labaatan sannadood Madaxweynaha kula talinayay in aanu awoodqaybsi xukun yeelin, daadku qaadi doono oo ay qasriyadooda maxaabbiis ku dhex noqon doonaan, iyo in ay hadda naftooda iyo tan qoysaskoodaba u baqayaan! Waxa aan la yaabbanaa inta ay albaabbadoodu hortaagnaan karaan carada isa soo taraysa ee dadweynaha baahan ee ay ka go'an tahay in ay soo dhacsadaan wixii hanti talisku hore uga dhacay.

Dadkii aan la socday ayaan ka goostay oo u leexday dhanka gurigii saaxiibkaygii Masriga ahaa—Janan Shawqii, oo ahaa uqaybsanaha millateriga Masar ee dalka Soomaaliya. Gurigiisu wuxuu ku dhex yiil fillooyin qurqurxoon oo ay degganaayeen safaarado iyo madax Soomaali ah. Markii aan u soo dhowaa ayaan arkay dhulkii oo ay daadsan yihiin agab guri iyo maacuun jajaban, saabaan quban, iyo alaabo kale oo badan. Fillooyinka qaar ayaa albaabbada iyo dariishado ka maqnaayeen ama jajabnaayeen. Waa ay iska caddayd in fillooyinkaa laga cararay oo ay kooxo bililiqadoon ahi habeennimadiiba u dhaceen. Wax walba waxaa loo burburshay si aabayeel la'aan u muuqata laakiin laga dareemayo in ay ka tahay caraburur aarsi ku salaysan oo aad mooddo in ay laqdabooyin hore ka dabaakhtamayaan. Aagga oo dhani waxa uu u ekaa meel uu ku dhacay dhulgariir, kaas oo beeraha deyran ee burbursan kaga tegay caraftii ubaxyada uun.

Waxaan soo gaaray gurigii Jananka oo aan dhawr mar ganjeelkii garaacay. Waardiye Soomaali ah oo qori AK47 ah haysta ayaa inta iga furay gudaha guriga gadaal u eegay, si uu ishaaro soo dayn ah uga helo. Ka dib markii uu amar ka helay Janankii oo daaqad dabaqa labaad ku taal naga eegayay ayuu i soo daayay. Janankii iridda ayuu igu salaamay oo gudaha ii kaxeeyay. Qolkii fadhiga ayuu i geeyay. Nin daallan oo walaacsan ayuu u ekaa. Waxa uu u muuqday in uu niyadjab weyn ka qaaday dhacdooyinkii maalmihii la soo dhaafay iyo saaxiibbadiisii Dawladda Soomaaliyeed ee uu xiriirka la lahaa oo meesha ka baxay.

Jananka sannado ka hor ayaannu isbarannay, ilaa waagaanaa si joogto ah ayaannu uga sheekaysan jirnay arrimaha siyaasadda dalalkeenna iyo, guud ahaan, midda adduunka. Soomaaliya waxay u ahayd shaqadiisii diblamaasinnimo ee ugu horreysay, halka aasaaskiisa shaqo ka soo jeedana ma aan aqoon mana aanan wayddiin. Kama aanan warqabin shaqo kale oo uu qaabbilsanaa, marka laga reebo in uu ahaa uqaybsanaha xiriirka arrimaha millateriga. Hase yeeshee, waxa aan wada sheekaysi hore ka gartay in uu isku dayayay in uu xogo badan ururiyo, si uu magac ugu yeesho shaqadiisa. In kasta oo safaaradaha badankoodu ay dalka shaqaalahoodii kala baxeen isla markii dagaalladu bilowdeenba, safaaradda Masar waa ay sii joogtay, si ay arrimaha si dhow ula sii socoto. Si ay ahaataba, Jananku waxa uu quuddarranayay in meesha laga saaro si uu u sugo nabadgelyada xaaskiisa iyo labadooda carruur ah oo dhawr bilood ka hor dalxiis ugu yimid. Reerkii ayaa halkaa dagaalkii ugu dhacay, waxaana dhegahayga ku soo dhacayay buuqooda argaggaxu ku laran yahay ee xagga jikada ka imanayay.

Qolka fadhiga ee Jananku si raaxo iyo qurux leh ayuu u goglanaa, waxaana uu ka dhigtay oo u qalabeeyay sidii "saldhig isgaarsiin millateri." Waxaa dhex yiil dhawr mashiin oo labada gees nalal ka bilig leeyihiin. Ka dib markii adeege shaah noo keenay, Janankii inta xaggayga u soo jeedsaday ayuu yiri, "Iiga warran, halkee xaal marayaa?" Sannado hore ayaan Jananka u sheegay in aan Daraasaadka Dawladnimada iyo Siyaasadda Afrika ku soo bartay kulliyadda soas ee Jaamacadda Landhan (London), laakiin waxa uu si khaldan ugu qaatay in aan ahay "khabiir arrimaha Afrika" ku xeel dheer. In kasta oo aan marar badan u sheegay in aqoontayda arrimaha Afrika ku saabsani ay aad u kooban tahay, haddana ma aanu dayn in uu ila tashado marka arrimo muhiim ahi Afrika ka soo cusboonaadaan.

Markan waa aan iska dhaafay in aan xusuusiyo aqoonyaridayda arrimaha siyaasadeed ee Afrika, waxaana aan ula hadlay sidii khabiir is-huba. Inta aan xabeebtirtay ayaan uga bilaabay, "Waxay u muuqataa in Soomaaliya ay iyadu isburburinayso, laakiin waxa hadda dhacayaa weli iima kala cadda." Dabadeed, waxaan wayddiiyay, "Maxaad ka maqashay bahda diblamaasiyiinta?" Markaa ayuu bilaabay in uu ii mariyo sheekooyin naxdin leh oo uu ka soo maqlay dublamaasiyiinta kale. "Dawladdu madaafiic ayay u adeegsadeen aagagga ay usc haystaan. Malleeshiyada usc iyo taageerayaashoodu waxay qabsadeen xaafado badan oo ay ka mid yihiin Kaaraan, Siinaay, iyo Boondheere." Jananku xoogaa ayuu aammusay, dabadeedna hadalkiisii sii ayuu watay, "Waxa aan maqlay in usc ay abaabulayaan weerar ay ku qaadaan Villa Somalia." Waxa uu si qiiro leh ugu soo gabagabeeyay, "Ma garan karo sababta! Maxay Soomaaliya isu burburinaysaa? Fadlan ii sheeg sababta?"

Wax jawaabo ah uma aanan helin wayddiimaha Jananka, walwalkiisana waxba kama aanan qaban karin. Waxa aan qabaa in uu ka fikirayay sida dalkiisu uga falcelin doono dhibka taagan.

Soomaali badani waxa ay qabeen in Soomaaliya dagaal joogto ah oo ay Masar gadaal ka riixayso ay kula jirtay Itoobiya, ilaa waagii madaxbannaanida la qaatay. Biyaha Niilka Buluugga ah ayaa muddo fog ahaa xurguf ka dhex taagan Itoobiya iyo Masar ilaa waagii uu gumaysigii

Ingiriisku biyaha webigaa Masar xaq u siiyay. Masar waxay ka faa'iidaysatay riyadii Soomaaliweyn ee ay Soomaaliya ku raacdaynaysay in ay 'xoreyso' dhulka Soomaalidu degto ee Itoobiya xukunto. Sannadkii 1964, xilliigii Madaxweyne Cabdirashiid Cali Sharma'arke, markii dagaal ka dhex dillaacay Soomaaliya iyo Itoobiya, Masar waxay Soomaaliya siisay qoriga Xakiim ee waagii dambe uu beddelay qoriga AK47 ee Ruushku. In kasta oo qoriga Xakiim uu door ka qaatay gaashaandhiggii Soomaaliya ugu babacdhigtay weerarkii gardarro ee Itoobiya soo qaadday, waxtarka dhab ahaaneed ee qorigaa iyo gargaarkii Masarba waa la buunbuunshay.

Jananka oo isha ku hayay qalabkii isgaarsiinta ayaa hadalkii iga dhex galay oo mar kale iigu celiyay, "Maxay Soomaaliya u qaadday waddadan isburburinta?" Janankii ayaan eegay oo ugu jawaabay, "Soomaaliya muddo dheer ayay iyada oo saaxiibbadeed gacan ka helaysa qabrigeeda qodaysay. Waxa ay u muuqataa in aynnu hadda u joogno halkii qarannimadeedu ku dhammaan lahayd. Hase yeeshee, ma fahansani waxa saaxiibbadeedii Carbeed ay ugu gurman la' yihiin waqtigan ay dhibban tahay!"

In kasta oo faalladaydu ay Jananka kedis ku noqotay, inta is-hayn waayay ayuu wayddiintii dib iigu soo ganay, "Maxaad ka doonaysaan in ay dawladaha Carabtu yeelaan? Dawladda Soomaaliyeed xiriirkii wadahalka way naga jaratay. Ciidankeedii mar qur ah ayuu iska kala tegay oo ku kala biiray malleeshiyooyinka tolkood. Yaabka dhacay; malleeshiyooyinka mucaaradka ahi waxay rasaasta, hubka, iyo saadka millateri ee muhiimka ka soo iibsanayaan xarumaha kaydka ciiddamada." In yar ayuu aammusay oo haddana ku daray, "Qaranka Soomaaliyeed oo dhan muhiimad weyn uma laha indhaha adduunka. Ma fahmi karo waxa ay dadka Soomaaliyeed ka dheefayaan in ay dalkooda burburiyaan."

Jananku daw ayuu hadalkaa ku lahaa, in aan la doodana ma aanan doonayn. Waxa aan ogaa in qaar diblamaansiyiinta ka mid ahi ay doonayeen in ay Madaxweynaha xukunka ka tuuraan oo ay saaraan dad ay ku kalsoon yihiin. Diblamaansiyiintaasi waxa ay doonayeen in ay xukunka u dhiibaan dawlad aan dhuuninnimo iyo eex dalka ku maamulin. Nasiibdarro, waxaa muuqatay in xubnaha dawladda ka soo hor jeeday ee diblamaansiyiinta ka mid ahaa aanay xil weyn iska saarin xaaladda nabadgelyo ee faraha ka sii baxaysa, khatarta dhabta ah ee xaaladda taagan ka iman karta iyo suuragalnimada dagaal sokeeye, ayna ka hoos baxday doorka ay awoodda siyaasad qabiileeddu bulshada Soomaaliyeed ku leedahay.

Waxaa wax laga murugoodo ahayd in diblamaasiyiin badani aanay xiriir toos ah la lahayn dadka Soomaaliyeed. Waqtigooda badankiisa waxay ku qaadan jireen gudaha safaarado iyo guryo gaar ah, meelahaa oo ay qado sharaf iyo mid kale uun u dhexeeyeen. Waxa keli ah ee ay ka fekeri jireen waa uun inta maalmood ee joogitaankooda Soomaaliya uga harsan, mana aanay kala jeclayn dhulgariirka siyaasadeed iyo khatarta dalka ku soo fool leh. Waxaan Jananka wayddiiyay in diblamaasiyiintu ay wada hadal la leeyihiin Dawladda Soomaaliya iyo in ay talooyin siinayaan.

Janankujawaabtalamauudaahin, "Bahdadiblamaasiyiintu safaaradaha Masar iyo Talyaaniga ayay u xil saareen in ay dhexdhexaadiyaan dhinacyada diriraya, laakiin madaxda usc iyo dhaqdhaqaaqyada mucaaradka ah ee kaleba uma diyaar aha in ay wadahadal la galaan dawladda."

Waxaa uu intaa ku daray, "Hoggaamiyaha usc, Janan Maxamad Faarax Caydiid, ma doonayo in uu dawladda la hadlo. Kornayl Cabdullaahi Yuusuf, Mudane Cabdiraxmaan Tuur, iyo Kornayl Axmad Cumar Jees—oo kala ah hoggaamiyayaasha ssdf, snm, iyo spm—iyaguna Muqdisho ma joogaan."

Xoogaa ayuu aammusay oo haddana raaciyay, "Dhanka kale, waa ay dhib badan tahay in la helo qof dawladda ka wakiil ah oo awood dhab ah leh, Madaxweynahana si fudud looma heli karo. Waxay u muuqataa in saraakiishii sarsare ee dawladdu ay badankooda dhuumanayaan ama ay mar horeba magaalada ka tageen."

Waxaan wayddiiyay sida ay safaaraduhu ku ogaadeen in aanay magaalada joogin?

"Siyaabo ay ku ogaadaan ayay leeyihiin!" Ayuu ku jawaabay. Intaa waxa uu sii raaciyay, "Waxay u muuqataa in saraakiisha dawladdu aanay doonayn in ay hadda taliska wax ku darsadaan oo lala xiriiriyo. Si ay noqotaba, bahda diblamaansiyiintu xogo ayay isdhaafsadaan, laakiin qaar ka mid ah dalalka Yurub iyo kuwo kale ayaan doonayn in ay arrimaha Soomaaliya wax ku darsadaan. Waxay u haystaan uun riwaayadihii Afrikaanka ee ay ku kaltami jireen in midkoodba kan kale dhuunta gooyo."

Janankii waxaan ka soo tegay casarliiqii, aniga oo aad u caloolxumoonaya. Intii aan gurigayga u soo socday, waxaan ka fikirayay rejo la'aanta xaaladda taagan ee aniga iyo Jananku aannu ka wada hadalnay. Qaraweynida caqabadaha dalka ku soo fool leh ayaa mar qur ah igu soo duxay. Dad badani waxay rejaynayeen in ay dawladdu mar uun meesha ka baxdo, laakiin cidina kama ay fikirin waxa ka dambayn doona marka Madaxweynaha iyo taliskiisu ay meesha ka baxaan.

8 JANAWARI 1991

BOQORKII DHIMAY

Aroor hore ayaan ku kacay codka hooyaday oo ducaysanaysa. Waxay Alle weyddiisanaysay caafimaad, dambidhaaf, cadaabta oo laga xoreeyo, iyo Jannada aakhiro. Hooyaday luqunta ayay 15 sannadood ka hor ka jabtay, ilaa waagaana sariir ayay saarnayd. Inta luqunta ka hoosaysa ayay ka curyaantay, madaxa keli ah ayayna iskeed u dhaqaajin karaysay. Sidaa oo ay tahay, qof nolosha ku raaxaysata, farxadna la qososha oo sida dadka caadiga ah u faraxsan ayay ahayd.

Qolkeedii ayaan soo galay oo inta aan sariirteedii qarkeeda fariistay bilaabay in aan niyadda u gacalaqaboojiyo. Walwalka indhaheeda ka muuqday aad ayuu u badnaa, dhoollacaddayntayduna waxba kama debcin. Walaashay ayaa inta ay shaah noo keentay iyaduna nala soo fadhiisatay. Intii aannu shaaha iyo xabbado timir ah isku fiiqsanaynay ayaannu arrimaha dagaalka aloosan iska waraysannay. Waxaan u sheegay in aan damacsanahay in aan maanta gaaro Suuqa Bakaaraha—oo ah kan dalka ugu weyn—si aan uga soo iibsado haddii cunto laga helo. Walwal kale ayay arrintaa ka muujiyeen, in ay iga baajiyaanna waa ay isku dayeen, waxaanse go'aansaday in aan baxo. Maadaama ay isgaarsiin oo dhan magaalada ka go'nayd, suuragal ma ahayn in aannu ogaanno waxa ka dhacaya inta ganjeelkayaga dhaafsiisan. Ma aanan ogayn sida xaalka Suuqa Bakaaruhu noqday iyo cidda qabsatay ilaa markii iigu dambaysay.

Isla markii aan aniga oo isqarinaya guriga ka soo baxayba, waxaannu kulannay Cabdi Sheekh—nin ay ooridayda qaraabo yihiin oo in uu nasoo salaamo u socday. Waxa uu ka shaqayn jiray Radio Muqdisho ee Wasaaradda Warfaafinta, ismana aannu arag ilaa markii shaqadaydii la iga rukhseeyay ee aan aniguna joojiyay in aan wasaaradda tago. Waa uu igu soo lug darsaday oo iiga sheekeeyay wixii uu ka maqlay dagaallada socda. Dabadeed, si kaftan ah ayuu iigu yiri, "Wasaaradda mar hore ayaa kuugu dambeysay oo malaha magacaaga waxaa lagu daray liiska dadkii goostay ee mucaaradka ku biiray?"

Intaan ku qoslay ayaan ku iri, "Shaqo ma haysto, mucaaradkuna ima shaqaalayn weli!"

Waa aan dhoollacaddeeyay markii uu si eedayn leh iigu sheegay, "Shaqaalaha Hawiyaha ah ee Wasaaradda qaarkood waxay iska dhigayaan in ay dawladda la jiraan, laakiin waxay la shaqeeyaan usc. Mustaqbalkooda iyo xaalka dagaalku uu ku dambayn doono toona ma hubaan weli."

Waxaan ka fikiray xaaladda adag ee dawladda haysata. Malaha, Cabdi waa uu ku saxnaa hadalkiisa oo dawladdu inta wareertay ayayba kala garan la'dahay cid u shaqaynaysa iyo cid kale. Waxaa dhici karta in qofkii aan u soo xaadirin difaaca "Kacaanka Barakaysan" ay u haysato khaa'in ka goostay. Dhab ahaan marka loo eego, ma jirin qof sii doonayay in dawladda lala xiriiriyo, dadka oo dhanna geeri ayaa dul hoganaysay, xataa "Aabbaha Qaranka" ruuxiisa. Waxa aan iswayddiiyay, "Yay ismoodeen, marka ay dadka 'khaa'in goostay' ku sheegayaan, haddii dadku diiday in uu soo baxo oo geeri cad u bareero?"

Cabdi Sheekh waxa uu ka dhashay Majeerteen, laakiin hooyadii ayaa Hawiye ka dhalatay. Dadka isha lagu hayo ayuu ka mid ahaa, intii aan dawladda faraheeda talo ka haadin. Reer abtigii ayuu ku dhex noolaa, Wasaaraddana waa uu ka sii shaqaynayay, xataa ka dib markii shaqaalihii Daaroodka ka soo jeeday ay cabsi darteed uga kala tageen ayna ku hareen shaqaalihii Hawiyaha ka soo jeeday oo sugayay uun inta ay dawladdu dhacayso.

Isaga oo ka walwalaya nabadgelyada qoyskayga ayuu Cabdi yiri, "Nabadgelyada magaaladani aad ayay u soo xumaanaysaa. Waa in aad reerka magaalada ka saartaa, inta goori goor tahay!" In yar ayuu aamusnaa oo haddana raaciyay, "Anigu xoogaa ayaan reer abtigay la sii joogi karaa, laakiin adigu meel aad ku gabban kartaa iima muuqato!" Marka uu sidaa leeyahay, waxa uu i xusuusiyay murti Soomaaliyeedda oranaysa, *wiil maalin ayuu aabbihi hiil uga baahan yahay; waa maalinta uu hooyadii doonayo.*

Waxa uu iiga sheekeeyay wixii Wasaaradda ka dhacayay; "Shaqaalihii Daarood ka soo jeeday oo dhan waxay ku khasbeen in ay Wasaaradda ka tagaan. Hadda waxaa ku haray oo keli ah dhawr qof oo Hawiye qaraabo ku leh. Xataa waxay raadsadeen maamulayaashii sarsare ee Daaroodka ahaa oo ay furayaashii ka soo urursadeen."

Waxa aan Cabdi wayddiiyay bal cid madaxdii sare

ee Daaroodka ahaa ka mid ahi in ay Wasaaradda ka sii shaqeeyaan. Taa ma aanu hubin, wax dheeraad ahna iigama uu sheegi karin. Waxa uu ii sheegay in uu maqlay in uu dhacayo shir u dhexeeya odayaal Soomaaliyeed iyo madaxdii hore ee dawladda oo "Manifesto" la baxay. Waxa uu intaa ii raaciyay, "Kooxdani waxay wakiillo dawladda ka socda la kulmaysay ilaa 1990, waxayna qorshaynayaan in ay Madaxweynaha la kulmaan oo dagaalka la joojiyo." Waxaa kale oo uu ku sii daray, "Kooxda Manifesto waxaa ka mid ah xubno qabiillada Soomaalida badankooda ka kala socda oo ay hoggaaminayaan xubno muhiim ah oo ay ka mid yihiin Cali Shiddo Cabdi Cumar, Dr. Ismaaciil Jimcaale, Xaashi Weheliye, Xaaji Muuse Boqor, iyo xubno kale oo muhiim ah."

Waxa aannu ku kala tagnay warkaa yididdiilada leh ee kooxda Manifesto oo wax uun rejo mustaqbal wanaagsan ah ifinayay. Waxa aan maleeyay in haddiiba ay wax uun rejo ahi hadhay ay ka imanayso kooxdaa Manifesto, aniga oo xataa rumaysnaa in Soomaalidu ay hoggaamiye dhaqameedyada magaca leh ka xushmayn og yihiin kooxaha kale ee ay ka mid yihiin kooxda Manifesto oo aan ahayn hoggaamiye dhaqameedyo la duubtay. Dadku ma aanay aamminayn dawladda oo ay u haysteen in musuqmaasuq dilooday oo aanay dadkeeda matali karin.

Dhankii Suuqa Bakaaraha oo aan gurigayga ka fogayn ayaan isaga sii socday, iyada oo jidadkii ay cidla' yihiin. Markii aan suuqii u soo dhowaaday ayaa waxaan maqlay buuq marka aan sii dhowaadaba kordhaya. Markii suuqii ii muuqday ayaa waxaan arkay dad badan oo goob isugu yimid oo inta ay wareeg goobo ah u istaageen cayaar tumanaya.

Gacmo tantoomaysan iyo qoryo ayaa ay si wadajir ah cirka ugu taagtaagayeen. Heestooda marka la maqlo, waxaa iska caddayd in ay taageeraal USC yihiin.

Waxa aan u qaatay in dadkaasi ay ilaalo ka hayaan suuqa oo uu badankiisu xiran yahay. Halka suuqa laga galo, mid ka mid ah jiirooyinka, waxaa igu istaajiyay dhallinyaro hubaysan oo su'aalo i wayddiiyay. Mid ka mid ah ayaan maqlayay isaga oo leh, "Teesare wayddii! Waxaa dhici karta in uu basaas soo habaabay yahay! Waxaa dhici karta in aynnu maanta nasiib yeelanno!" Waa ay iska caddayd in ay taageerayaal USC ahaayeen. Waa aan hubaa haddii ay qabiilkayga ogaan lahaayeen in aan maalintaa dhiman lahaa. Dhammaan dadkii gadaashay meesha marayay oo dhan waa ay joojinayeen oo fatashayeen. Waa ay caddayd in ay dad Daarood ah ka dhex raadinayeen. Sidaa oo ay ahayd, dadku in ay suuqa galaan waa ay u fasaxayeen, si aanay uga caraysiin ganacsadayaasha oo macaamiil badeecooyinka ka iibsata danaynayay.

Suuqu waxa uu ahaa kan dalka ugu weyn, waxaana ku yiil bakhaarro aad u waaweyn, dukaammo, warshado yaryar, iyo suuq warato oo ballaaran. Waxa uu suuqani doojin jiray suuqyada kale ee bartamaha iyo koonfurta Soomaaliya, iyo kuwa dalalka deriska ahba.

Meheradihii suuqa oo dhan darbaallo ayaa ku dednaa, wixii aan ka ahayn ganacsato yar oo cunno qallalan iibinayay. Dhawr dumar waayeello ah oo ay carruuri weheliso ayaa iyaguna ag fadhiyay goobo ay ku iibinayeen quudqaalibyo ay digir iyo galley ka mid ahaayeen. Khudaar, miramagaalo, caano, iyo hilib midkoodna ma ool suuqa. Iima kala caddayn in ganacsatadii suuqu shaqajoojin ay USC ku taageerayaan ay ku jireen iyo in ay naftooda u baqeen oo aanay suuqaba iman. Dumarkii suuqa ku gacansanayay middood oo markii indhaheennu isku dhaceen ii dhoollacaddaysay ayaan ku leexday. Labo carruur ah ayaa meel ka dambeysay ku cayaarayay, markaa ayaan is-iri, 'kolley waxay u shaqaynaysaa carruurtaa aan war u hayn waxa magaalada ka dhacaya iyo mugdiga mustaqbalkooda ku soo fool leh.' Haweenaydii ayaan salaamay oo inta aan digirtii ay iibinaysay eegay wayddiiyay halka ay ganacsatadii kale maanta ku baaqdeen.

Inta ay dhoollacaddayn iska doontay ayay igu tiri, "Marka dagaalku joogsado ayay soo laabanayaan." Dabadeed, inta ay isoo eegtay ayay tiri, "Kolley waad og tahay waxa dhacaya oo raggii oo dhan goobaha dagaalka ayay aadeen, si ay uga soo dagaallamaan." Ma aan hubin waxa ay ku fekeraysay, malahana waxa ay iiga shakiday in aan Daarood ahay. Sidaa awgeed, war la'aantayda ayaan qiil u bixiyay, "Dhowaanahan waan xanuunsanaa, hooyaday oo iyaduna xanuunsanna waan hayay."

Waa ay ii damqatay; "Labadiinnaba Alle caafimaad degdeg ah ha idin siiyo. Idanka Alle, xaalkeennu waa uu isbeddelayaa, marka aynnu isxoraynno."

Markaa ayaan wixii aannu ka hadlaynnay beddelay, si aan la iiga shakin. "Hooyaday ayaan khudaar cusub u doonayay." Ayaan ku iri. Waxay iigu jawaabtay, "Maalmahanba khudaari ma iman. Jidkii Afgooye waa uu xiran yahay oo gawaaridii dalagyada keeni jirtay dagaallada ayay ka baqeen."

Ganacsatadii ayaan caloolnugayl u muujiyay, "Degdeg ayuu dagaalku u dhammaan doonaa, noloshuna caadigeedii ayay dhammaantayo noogu soo noqon doontaa, si aannu nololmaalmeedkeenna si baqdin la'aan ah ugu raadsanno."

Markaa ayay bilowday in ay dhaqdhaqaaqa usc iyo dagaalyahannada hambalyayso. "Aahey! Geesiyaasha ayaa dagaalka ku guuleysanaya, dhowaanna annagaa xukunka qabsan doonna…"

Digir iyo galley ayaan ka iibsaday oo degdeg uga dhaqaaqay. Heesaha dadweynihii cayaarta tumanayay ayaa intii aan soo socday gadaashayda ka sii yeerayay. Dadka meeshaa isugu soo baxay, inta ay goobo garbaha la isku hayo u istaageen ayay ku celcelinayaan ereyo uu u yeerinayo nin oday ah oo goobada bartankeeda cayaarta jiib iyo jaanteeda ka hoggaaminayay. Malleeshiyada usc iyo halgankeeda "geesinnimada" leh ayuu ammaan aan yaarayn huwiyay, waxaana uu Hawiye oo dhan ugu baaqay in ay dhaqdhaqaaqa taageeraan. Dadku ereyada odaygu u yeerinayo ayay ku celcelinayaan, ka dibna inta ay kor u boodaan ayay dhulka cagaha la dhacaan oo halkaa siigo cirka isku shareertaa. Booddada iyo sacabbinta ayaa waxaa ka dhashay habdhac jugdhaw ah oo dheesha bila, iyada oo odaygiina halkaa ammaantiisii ka sii miisayo, dadkuna ay u jiibinayaan:

ODAYGA: usc!
DADKA: Ha noolaato!
ODAYGA: Gorgorka! (Janan Maxamad Faarax Caydiid)
DADKA: Ha noolaado!
ODAYGA: Guusha yaa leh?
DADKA: usc!
ODAYGII: Yaa na xoreeyay?
DADKA: usc!

Inta aan madaxa cimaamad ku duubtay ayaan aayar suuqii ka baxay. Waxaan iswayddiiyay sida ay isugu ekaan karaan dareennada farxadda dadkani maanta isugu jiibinayaan iyo tii dadka Soomaaliyeed dareemayay maalmihii 26'kii Juun iyo 1'dii Julaay 1960'kii—maalmihii ay Soomaaliya madaxbannaanideeda ka qaadatay gumeystayaashii Ingiriiska iyo Talyaaniga.

Waxa aan iswayddiiyay in Soomaaliya ay tahay dal qur ah oo qalalaase siyaasadeed haysto ama dalal badan uu u dagaallamaya in uu midba kan kale ka madaxbannaanaado. Waxa aan la yaabbanaa hadyadda ay dadka meesha xoonsani ka sugayaan USC, marka ay xukunka qabsato!

Gurigii ayaan aniga oo bedqaba ku laabtay oo walaashay digirtii iyo galleydii u dhiibay, si ay noogu kariso. Dabadeed, qolkii hooyaday ayaan galay, iyada oo indho walwal ka muuqdo igu eegaysa. Waan nabdaadiyay oo ka waraystay sida ay dareemayso.

"Alxamdu Lillaah!" Ayay iigu warcelisay oo iga jeedsatay, si ay walaaceeda u qariso.

Si aan niyadda ugu dejiyo, waxaan ku iri, "Dagaalku dhakhso ayuu u joogsan doonaa. Siyaasiyiin iyo duqay Soomaaliyeed oo uu Xaaji Muuse Boqor ku jiro ayaa la filayaa in ay Madaxweynaha la kulmaan."

Inta ay dhankayga soo jalleecday ayay i wayddiisay, "Kooxaha dagaallamaya iyaga yaa la hadlaya? Maxay doonayaan?"

Su'aalaheedaa ayaa kedis igu noqday. Wayddiinta ah 'yaa la hadlaya kooxaha dagaallamaya?' wax aan ugu jawaabo iima caddayn. Waxaan u qabay in Madaxweynuhu furaha xalka colaadda hayo, waxaana aan filayay in hoggaamiyayaasha mucaaradka iyo duqayda Soomaaliyeed uu u yeeri doono, dabadeedna ay wada fariisan doonaan oo ay musiibada baajin doonaan. Su'aasha hooyaday ku celcelinaysay ee "Yaa la hadlaya kooxaha dagaallamaya?" Ayaan ku baraarugay.

Si deggan ayaan ugu iri, "Waxaan u malaynayaa Madaxweynaha iyo odayaasha Soomaaliyeed ayaa la hadli doona."

Hooyaday wax badan kama ay aqoon sida ay u shaqayso siyaasad qabiileedku. Hase yeeshee, su'aashu waxa ay si qumman ii xusuusiyay dhabta kharaar ee colaadda taagan. Waxa ay taqaannay dagaalladii tolalka u dhexeeyay ee waayadii hore, kuwaa oo xoolo la kala dhaco ama dhul daaqsimeed iyo biyo la isku laayo ka kici jiray. Waayadaa hore, hubka ay isu adeegsadaan waxa uu ahaa uun warmo, toorriyo, iyo fallaaro, dagaal maalin dhan socdana dad aad u yar ayaa ku dhiman jiray. Nasiibdarro, dagaallada toleed ee casriga la joogo dhaca, waxaa la isu adeegsadaa hub cusub oo daqiiqado yar gudahood ayaa boqollaal qof la iska dilaa.

Haddii dagaalladii toleed ee hore ay ka kici jireen dhul daaqsimeed iyo ceelal biyood, kuwa casriga ah waxaa la isku galaa in la kala xigsado ilaha aan badnayn ee dhaqaalaha qaranka. Waa dagaal ay hurinayaan in yar oo kicinaysa shucuurta tolkood, si ay u qabsadaan kursiga xukunka iyo khayraadka ku gedaaman. Hooyaday waa ay saxnayd! Yaa la hadlaya kooxaha dagaallamaya ee Hawiye iyo kuwa kale ee hadda isugu qalabqaadanaya difaacidda sharafta tolka? Yaa haya furaha nabadda?

Hooyaday qof aad u fahmo badan ayay ahayd, laakiin aad ayay ugu adkayd markaa in ay fahanto waxa dhacayay. Sida caadada ahayd, dhibaato walba xalkeeda ayay ku talin jirtay. Waxa aan xusuustaa waa hore, habeen qoyska oo dhan qolkeeda isugu yimid, si cayaar kubbadda cagta ah loogu daawado. Iyada waxay u ahayd markii ugu horreysay ee ay cayaartaa daawato. Waa ay ka dhaadhici wayday waxa 22 nin oo waaweyni ay u dabo cararayaan oo isugu dilayaan wax yar oo kuusan (kubbadda). Waxay i wayddiisay waxa raggani samaynayaan. Waxaan u sharraxay waxa cayaartani tahay iyo xeerarka u yaal. Xoogaa markii ay fikiraysay ayay i wayddiisay, "Oo may qaarba mar kubbadda qaataan oo inta ay doonaan oo goolal ah dhaliyaan?" Iyada, "cayaarta" u dhexaysa dawladda iyo mucaaradku waxay la ahayd macnadarro, sida raggaa waaweyn ee waxa kuusan isku dayaya in ay labo udub dhexdood ku tuuraan.

Walaashay ayaa cunnadii ay noo diyaarisay noo keentay, walaalkay oo magaaalada ka yimidna waa uu nagu soo biiray. Waxa uu noo keenay war dhiillo leh oo wiiqay rejadii yarayd ee aannu ka qabnay waanwaan ka dhalata kulanka la sheegay in uu dhex mari doono Madaxweynaha iyo kooxda Manifesto. Waxa uu noo sheegay in madfac ku dhacay kooxdii Manifesto oo dhawr duqay ah oo ay Xaaji Muuse Boqor iyo Xaashi Weheliye ku jiraan ay ku dhinteen. Isla marka warkii naxdinta lahaa ee geeriga xubnihii Manifesto uu magaaladii ku fiday, waxaa korodhay tiradii dadkii waqooyiga magaalada ka soo qaxayay ee xagga Degmada Madiina u soo yaacayay. Maalintan casarkeedii ayaa qaar ka mid ah dadkii deggenaa aagga xaafaddayadu bilaabeen in ay iyaguna qaxaan. Qof ku dhacaa ma jirin in qorraxdu haddii ay dhacdo uu dibedda u baxo.

Xubnaha kooxda Manifesto badankoodu waxay jagooyin ka soo qabteen dawladihii hore ee rayidka ahaa oo ay ku jirtay tii millateriga xukunka hayaa uu afgembiyay 1969'kii, waxaana ka mid ahaa ganacsadayaal caan ahaa. Afgembigii 1969'kii ka dib ayaa taliska xukunka qabsaday xabsiga dhigay dhawr nin oo markan ka tirsanaa kooxda Manifesto. Gaar ahaan, Xaaji Muuse Boqor waxa uu safka hore kaga jiray raggii lagu waday in ay madaxweynaha Jamhuuriyadda noqdaan, ka dib dilkii gaadmaha ahaa ee Laascaanood lagu ajalay madaxweynihii xukunka hayay, Dr. Cabdirashiid Cali Sharma'arke.

Dhawr ilawareedyo kala duwan ah ayaan ka maqlay in Madaxweynuhu uu shaki ka muujiyay dhexdhexaadnimada kooxda Manifesto oo uu ulajeedkooda ka shakiyay, ka dib markii la ogaaday in ay xiriir hoosaad la xirteen hoggaamiyayaasha kooxaha mucaaradka ah. Dhab ahaan, dad badan ayaa iswayddiinayay ujeeddada kooxda, maadaama qaarkood ay colaadin qayaxan dawladda ku hayeen, kooxaha mucaaradka ahna ay taageereen iyaga oo aan qorshahooda hubsan. Waxay u muuqatay in kooxdu ay lumisay fursaddii ay ku dhexdhexaadin lahayd in dhinacyada is-haya ee dawladda iyo kooxaha mucaaradku ay dagaalka joojiyaan, iyaga oo ku guuldarraystay in ay dhexdhexaadnimadooda muujiyaan. Xogo iskhilaafsan ayaa laga helay ciddii ka masuulka ahayd dilkii odayaasha Manifesto. Taliskii xukunka hayay iyo USC, mid ka dambeeyayba, dharbaaxo baas ayay arrintaasi ku noqotay dedaalkii ay kooxda Manifesto wadeen.

Habeen kale oo gudcur baqdin leh ahaa ayaa magaaladii u dumay, ilayska keli ah ee la arkayayna waxa uu ka imanayay xabbadaha la isdhaafsanayay oo dhawaqooda meelo fog laga maqlayay. Murugadii meel ay saldhiganayso aan la hubin ayaa magaaladii sideedii u sii dul hoganaysay, dadkuna waxa ay sugi la'aayeen aragtida ifka maalin kale, iyaga oo in dhibaatadu dhammaato ku ducaysanaya.

BIXIYOW I BIXI!

Waxa ay ahayd barqo marka kuwa kale loo eego iska deggenayd. Waa maalmo ka dib markii dagaalku bilowday. Weli isgaarsiintii magaaladu waa ay go'an tahay, dadkuna waxa uu xogaha ka helayay keli ah wararka la isla dhex marayo. In kasta oo aanay nabadgelyadu sugnayn, guriga ayaan duhurkii ka baxay oo aan masjidka xaafadda u tukasho tegay.

Waddooyinkii waa la faaruqiyay, marka laga reebo dhawr qof oo iyaga oo ay indhuhu meel dheer ka soo jeedaan dhinacyada u kala cararaya. Dadkii sidii caadiga ahayd jidadka tubnaan jiray lama arko! Baabuurtii tirada badnaa ee waddooyinka magaalada isdhaafdhaafi jiray, sidii ay dab kayn galay ka baxsadeen, midna lagama arko. Mararka qaar ayaa ay qof iyo labo luuq ka soo kudaan oo haddana iyaga oo degdegaya mid kale ku libdhaan.

Hawada waxaa cakiray urta baaruudda iyo burburka hulaaqaya. Dhawaqa qaraxyo magaalada hoose ka dhacaya ayaa daboolay jabaqda dabaysha dhacaysa iyo qablanka ganjeellooyinka isgaraacaya. Mararka qaarkood, xoolo fiigsan oo isbeddelka degdegga ah ee degaankoodii nabdoonaa ku dhacay uu argaggax iyo wareer ku riday ayaa hadba meel ka soo yaaca.

Waxa aan soo gaaray masjidkii, aniga oo rejaynayaa in aan bal qof aan garanayo kula kulmo. Kabihii ayaan illinka isaga baxshay oo aniga oo aayar u socda soo galay. Waxaa ku jiray masjidka rag aan badnayn oo aadaanka salaadda sugayay. Qaarkood ayaa isoo eegay, sidii ay iga filayaan war ku saabsan dagaalka socday.

Marfash darbiga ku dhegganaa oo ay ku rasaysnaayeen kutub Qur'aan ah oo duugoobay ayaan xaggiisa aaday oo inta aan kitaab ka soo qaatay la fariistay oo aayar hoos u akhristay. Isla markiiba, waxaa igu soo dhacday canaantii qaar ka mid ah wadaaddadii xagjirka ahaa ee ku khudbadayn jiray in "Gaaladu ay Alle xusuustaan uun marka ay naftooda u baqaan oo ay toobad iyo dambidhaaf wayddiistaan. Waxa ay Alle xusuustaan uun marka uu halaaggoodu soo dhowaado."

Markii aan dhawr aayadood akhriyay ayaan Kitaabkii isku laabay oo mar kale hareeraha eegay. Dadka masjidka ku jiray badankoodu kooxo ayay u fadhiyeen, wadahadallo adagna waa ay dhex marayeen. Sheekada kooxaha qaarkood waxa ay u ekayd muran uu jahawareer ka muuqdo. Maalintaa masjidku khushuucii cibaado iyo Qur'aan akhriskii xasilloonaa ma lahayn!

Dhaqdhaqaaqa iyo dareenka dadka wejiyadooda ku muuqday waxaa ka dhashay dareen xurmadii iyo nabadgelyadii masjidka caadada u ahayd khalkhal geliyay, kaa oo meeshaba ka saaray xasilloonidii iyo khushuucdii salaadda jameecada lagu sugi jiray. Fallaaraha cadceedeed ee daaqadaha ka soo dusayay ayaa iyaguna uga sii daray xasillooni la'aantii jirtay.

Inta aan dib isu tiiriyay ayaan indhaha isku qabsaday. Waxa aan doonayay in aan la i dareemin. Waxa aan niyaystay in aan baalal yeesho oo aan u duulo meel aad uga fog qalalaasaha iyo wareerka magaalada hareeyay. Waxa aan jeclaystay in aan wax xil ahi cidna iga saarnayn, xataa naftayda. Waxa aan jeclaystay in sugitaanka salaaddu uu weligiiba sii dheeraado.

Mar dambe ayaa yeermadii imaamku iga salalisay la shawrkii fogaaday ee naftayda. Jameecadii oo istaagtay ayaan safka la galay, waxaana aannu bilownnay salaaddii oo imaamkii ku dabo tukannay. Mararka qaar, intii aan imaamka khushuuc kula tukan lahaa oo aan Alle hortii ka fekeri lahaa ayaa ay maskaxdaydu iska tegaysay oo adduun kale soo dawaafaysay, aniga oo ka fekerayay halista qoyskayga ku soo fool leh.

Markii uu imaamkii salaadda tujiyay oo laga baxay ayuu inta hortayada isaga oo luguhu isu dhaafsan yihiin ka soo jeedsaday gacmaha duco kor ula taagay oo annaga iyo qarankaba u duceeyay. "Ammiin" ayaannu ka dabo gurnay erey walba oo uu ku duceeyo. Mahadinta Alle ayuu ku bilaabay iyo gaargaar wayddiisashadiisa, "…Allow, waxa aannu kaa barinay hanuun iyo naxariistaada. Ilaahow naxariistaada noogu deeq, adiga ayaa waxa noo dambeeya oge! Allow noo gargaar oo iimaankayaga xooji. Allow dambiyadayada dhaaf waxba ma ogine oo jidka toosan nagu hanuuni. Allow dambiyadayada ha noo cadaabin. Allow xumaanahayaga naga badbaadi, tabar iyo taag midna ma lihine. Adiga ayaa…. Aamiin" Ayuu ku soo gabagabeeyay ducadii.

Waxa aan isbarbardhigay ducada imaamka iyo waxa ay rumaysan yihiin dadka ku nool Kaynta Ituri ee Afrikada Dhexe. Waxa ay rumaysan yihiin in noolaha dunida oo dhan ay noloshoodu isku xiran tahay oo isku tiirsan tahay. Waxa ay qabaan in aadanuhu uu nolosha kawnka bartamaheeda yahay uuna u xilsaaran yahay noloshiisa iyo kuwa xayawaannada iyo dhirta dunida oo dhan. Si uu aadanuhu xilkiisaa u guto, waa in uu jir iyo ruux ahaan nadiif u ahaadaa. Dadka sidan rumaysani Alle ay caabudaan gargaar ugama dalbadaan dhibaatooyin ay iyagu isu geysteen, kuwaa oo ay ka sii dhashaan dhibaatooyin saameeya xayawaannada kale iyo dhirta in ay ilaaliyaan uu xilku ka saarnaa. Sida lagu yaqaan diimaha samaawiga ah ee Ibraamiyada dhabta ah, dadka caqiidadan rumaysani ma fishaan in nabiyo loo soo diro marka musiibo ay ku habsato. Masjidkii ayaan ka soo baxay oo gurigii ku soo laabtay, aniga oo aan war wanaagsan u wadin hooyaday.

Waxa aannu degganayn xaafadda Afrikaan Filij (African Village) oo ah xaafad xayndaaban oo ay ku yaallaan sekedo guryo dabaqyo la deggen yahay ah. Dawladda ayaa waxa ay u dhistay shirkii Qarammada Midowga Afrika ee lagu qabtay Muqdisho sannadkii 1974, halkaa oo la dejiyay xubnihii aan madaxda sare ahayn ee la socday wafdiyadii shirka u yimid. Shirkaa markii uu dhammaaday ayaa guryahaa waxaa laga kireeyay shaqaalaha dawladda ee heerka dhexe ah.

Intii dagaalladu bilowdeen, waxa aannu aniga iyo saaxiibbo kale oo xaafadda deggani galabihii ku kulmi jirnay balakoonnada guryaha, si aannu isu dhaafsanno wararkii ugu dambeeyay maalintaa. Aad ayaannu isu xifaalayn jirnay oo u kaftami jirnay, si aannu isu dhaafinno dhabta jirta ee nagu soo fool lahayd. Sidii caadada ahayd, su'aalo ayaannu iswayddiin jirnay uu midba kan kale ku cabbirayo fikradihiisa, iyada oo qablanka qaraxyada dagaalku uu sheekooyinkayaga dhextaal u ahaa.

Maalintan, Maxamad iyo Mahdi oo labo saaxiibbaday ka tirsan ah ayaa ii yimid. Waxa aannu isdhaafsannay wixii aannu warar cusub dagaallada ka maqalnay. Markaa ayuu Maxamad yiri, "Waa wax lala yaabo! Wax war ah kama aannu maqal qorshaha mucaaradka, gaar ahaanna USC. Waxa ay ila tahay in ay dadweynaha wargeliyaan oo u sharraxaan qorshahooda iyo barnaamijkooda siyaasadeed, haddiiba ay qorshe leeyihiin."

Waxa aan wayddiiyay, "Sidee ayaad doonaysaa in ay taa ka yeelaan, illeen isgaarsiin ay dadweynaha kala xiriiraan ma jirto e? Xataa warqad ogeysiis ma daabici karaan!"

"Taasi marmarsiinyo ma noqonayso! Waxa ay dhisi karaan guddiyo aagagga ay haystaan ka shaqeeya oo dabadeed inta ay is-agaasimaan dadka la hadla." Ayuu iigu jawaabay.

"Mar hore, intii aanu dagaalkuba bilaaban, ayay USC guddiyo ka dhiseen xaafadaha." Aniga ayaa isla markiiba u saxay intaa. Waxaan u raaciyay, "Waxa ay u eg tahay in USC aanay danaynayn xaafadaha qaar. Hase yeeshee, waxaa jirta xan sheegaysa in USC ay ku gudajirto yagleelidda dawlad qaran oo uu Maxamad Faarax Caydiid hoggaamiyo."

Inta uu yaabay ayuu su'aal igu soo celiyay, "Ma waxaad leedahay, xilligan horaba USC waxa ay ka fekeraysaa dawlad dhisid?"

Waxaan ugu jawaabay, "Sidaa ayaan maqlay. Hase ahaatee, waa wax laga filan karo dagaallada socda haddii ay USC dhisayso dawlad 'Kacaankii Barakaysnaa' beddesha, waase in ay ogaadaan in Soomaaliya aanay Daarood la'aantii dawlad yeelan karin."

"Waxaasi waa kaftan qaab daran e! USC oo keli ahi ma dhisi karto dawlad Soomaalidu u dhan tahay!" Ayuu Maxamad oo yaabbani yiri.

Mahdi ayaa falanqayntii ku soo biiray oo markiisa hilaadiyay dawlad ay USC soo dhisto. "Maxaa aanay u dhisi karayn? Waxa ay rumaysan yihiin in Daarood uu dawladda soo dhisayay ilaa iyo 1960'kii, isaga oo aan Soomaalida kale kala tashan!"

Maxamad ayaa ka dhex galay hadalkii markan. "Taasi wax jira ma aha! Xataa Golihii Sare ee Kacaankii 1969'kii waa loo dhammaa oo 25'kii xubnood ee Golaha ugu sarreeyay qabiillada Soomaalida badankoodu waa ay ku wada jireen. Xataa in badan oo ka soo jeedda kuwa lagu sheego dadka laga tirada badan yahay ayaa ka mid ah, sida ninka labaad ee hoggaamiyayaasha Golaha Sare ugu sarreeya ka tirsanaa ilaa 21'kii Oktoobar 1969'kii. Waxaase wax laga xumaado ah in dadka laga badan yahay qaarkood aan laga qaybgelin. Malaha, saraakiil sarsare ayaanay ciidammada ku lahayn waagaa!" Waxa u intaa ku daray, "Si xaal noqdaba, USC iyo Caydiid keligood dawlad qaran ma soo dhisi karaan. USC waa in ay ugu yaraan cid kaga soo dartaa ururrada kale ee mucaaradka ah, sida SSDF, SNM, iyo SPM, inta aanay ka fekerin dawlad dhisiddeed."

Taa waa aan ku diiday anigu. "Iska illow SNM! Dan kama

ay laha Soomaaliya, waxayna muddo badan ku mashquuli doontaa in ay qabiillada aan Isaaqa ahayn ka 'sifeyso' carrigii lagu magacaabi jiray 'British Somaliland'. Isaaq ma aaminayo Daarood, waxaana aan qabaa in aanay qaddarin u hayn qabiillada koonfurta dalka dega." Waxa aan isku deyay in aan sii faahfaahiyo dhibka jira. "Si ay ahaataba, SSDF iyaduna ma doonayso in ay qabiillada kale awoodda la qaybsato. Waxa ay rumaysan tahay in dhaqdhaqaaqoodu uu riday 'Kacaankii Barakaysnaa' oo ay xaq u leedahay in ay beddesho hoggaankiisa." Waxa aan ugu sii daray, "Si ay ahaataba, dhaqdhaqaaqyada mucaaradka ah oo dhan qabiil ayay ku dhisan yihiin, ismana aaminayaan. Waa halkaa meesha ay u dhinteen!"

Saaxiibkayo Mahdi oo si deggan oo xushmad leh u dhegaysanayay dooddayada ayaa haddana nagu soo biiray. "Ma garanayo sida wax naga yihiin! Waxaa wax laga xumaado ah in kooxo cawaan reer miyi ahi ay isku magacaabaan 'jabhado xorayneed' oo odayaal ay ka dhammaatay hoggaaminayaan ay qaranka ku soo duulaan! Sinaba dunidu dan ugu geli mayso Soomaaliya, mana garanayo waxa USC iyo kooxaha kale ka dheefayaan marka ay dalka burburiyaan."

Waan ku raacay, "Aniguba ma aqaan taa! Malaha, waxaynnu u baahan nahay Professor Goran Hyden[1] in uu sharraxo masaladaas iyo xalkeedaba."

Maxamad ayaa la soo booday, "Maxaa lagu falayaa

---

1 Professor Goran Hyden (Göran Hydén) waa aqoonyahan Iswiidhish ah oo Afrika ku takhasusay, waana baresare oo culuunta siyaasadda dhiga. Waxa uu Afrika ka qoray buugaag badan oo uu ka mid yahay buugga aadka loo mahadiyay ee *Beyond Ujamaa in Tanzania: Underdevelopment and an Uncaptured Peasantry* (1980) - University of California Press & Heinemann.

Professor Hyden? Waxgaradkeenna ayaa dhibaatada inoo sharrixi kara oo xalna keeni kara."

Mahdi isagu waa uu ka biyadiiday hadalkaa, "Allow Alle! Aqoonyahannada ruuxooda ayaaba qayb ka ah dhibta taagan. Qalinka uun ayay ku wada hadlaan, kadeedka shacabka caadiga ah haystana warba uma hayaan. Dadka caadiga ah maba arkaan iyagu, dhab ahaanna badankoodu hooskooda xataa uma qalmaan. Magacyadooda uun ayay ku bilaan cinwaanno qurxoon oo derejo dhalanteed ah, sida Dr., Professor, PhD, Eng., iyo kuwo kale, si ay dadka intiisa kale isaga weynaysiiyaan." Mahdi halkaa ayaa uu ka sii waday darraabidda aqoonyahannada Soomaalida. "Waxa aan filayaa in qaar ka mid ah 'aqoonyahannadeennu' ay aad isugu bogeen, ilaa ay xadka dhalanteedka gaareen. Mararka qaarkood waxay u hadlaan sidii Nabi Muuse (*calayhis salaam*), iyaga oo qabiilladooda uga dhiga in ay u rarayaan 'berrinkii barakaysnaa' ee ballanqaadka. Qaar ka mid ah ayaa iyaga oo moog gacan ka geysta fidinta kutirikuteenta qabiilkooda. Waxa ay aad ugu dadaalayaan in ay taariikhda Soomaaliyeed majaha u rogaan, si ay u caddeeyaan in qabiilkoodu uu yahay qaran gooni ah oo ka gedo duwan kuwa kale."

Maxamad oo qosol la dhacay ayaa Mahdi hadalkii ka qaatay oo yiri, "Sheekooyin yaab leh ayaad noo marisay! Xaggee ayaad ka akhrisay sheekooyinkan maadda miiran ah? Soomaalidu waa qaranka keliya ee Afrika oo dhan 'isku sinjiga ah', waxyaalaha ay wadaagaanna meelo badan lagu qoray. Yeelkeed e, ma aadan sheegin doorka ay qalalaasaha taagan ku leeyihiin siyaasiyiinta Soomaalidu."

Haddalkaa waa aannu ku wada qosolnay. Markaa ayuu

Mahdi haddana yiri, "Haddii aannu siyaasiyiin leennahay, maxay dhibaatooyinka na haysta u xallin la' yihiin? Maxay horseed u noqon waayeen oo ay musiibada dalka kusoo fool leh uga hortegi waayeen? Waxa aan filayaa in dadka aynnu siyaasiyiin ku sheegaynnaa yihiin uun doqommo iscaleemasaaray oo ku baraara darxumada walaalahood."

Aaskii ayaa madoobaaday, saaxiibbadayna waxa aan ku wargeliyay in aannu kala hoyanno, aniga oo ku leh, "Aynnu nabad ku ducaysanno, Soomaali isdilaysa wax ka xumi ma jiraan e. Waxa aan shaki ka qabaa waddaninnimada kooxaha mucaaradka ah. Waxa aan shaki ku jirin in ay soo buunbuuniyeen oo ay soo jiheeyeen cadawgii soojireenka ahaa ee Soomaaliya."

"Taa waan kula qabaa." Ayuu Mahdi yiri. Waxa uu intaa ku daray in aannu Alle ka barinno in uu na badbaadsho, waa rejada keli ah ee qarankeennu uu leeyahay hadda e. Sidaa oo ay tahay, waxa ay ila tahay in aynnaan Madaxweynaha iyo dawladdiisa eedayn, maxaa yeelay, waxa aannu labaatankii sannadood ee la soo dhaafay 'odayga' u sheegaynnay in uu yahay hoggaamiyaha ugu fiican Afrika. Nasiibdarro, waa uu rumeystay ammaantaa!"

Waxa aan ku iri, "Waa in aynnu eedaynno kooxaha mucaarad-iskusheegga ah ee ay hoggaaminayaan kuwa ay awood raadintu madaxmartay ee xukunka uun u oomman, kuwaa oo burburinaya wax walba oo ka hor yimaadda, sidii dab kacay oo aan la xakamayn karin.

GEELJIRIHII JAAMICIGA NOQDAY

Dagaalkii u dhexeeyay USC iyo ciidammda dawladda ayaa si aan xoogganayn isaga sii socday. Dawladdu waxay dib uga guratay dhawr aag oo muhiim ah, USC-na isla markiiba waa ay la wareegtay. Waa ay iska caddayd haddii ay dawladdu sii waddo ka gurashada aagagga muhiimka ah in USC ay ugu dambaynta magaalada wada 'qabsanayso'.

Maalin timaaddaba, walaacii aan ka qabay waxa qoyskaygu mudan doono waa uu sii kordhayay. Habeennada badankooda hurdo ma aanan ladayn oo waa aan iska soo jeedi jiray, aniga oo intaa ka fekeraya mustaqbalka qoyskayga. Marka aan maqlo aadaanka salaadda subax ayaan sariirta ka boodi jiray oo masjidka aadi jiray.

Habeenkii xalay ahaa walaacu aad ayuu u badnaa. Waxa aan ku idlaystay in aan hadba dhan sariirta isugu rogo, maankaygana buuq badan ayaa ku furnaa. Waxa dhibaato aan ka walaacayo, wax xal ah uma aanan helin. Tagtadaydii ayaa sida daad islabarogaya dib ii soo galaangashay. Waxa aan xusuustay wixii aan waqti dayacay iyo inta hawlo muhiim ah aan qabyo uga tegayo. Waxa aan xusuustay fursadihii tirada badnaa ee aanan naftayda iyo qoyskaba uga faa'iidayn iyo ku noolaanshaha nolol sidan dhaanta. Go'aannadii laga maarmi karay ee aan qaatay iyo fursadihii aan aniga iyo ehelkayga dhowba u diiday ayaa maankayga maansheeyay. Kama walwalayo naftayda, marwadayda, carruurteenna, iyo walaalahay. Cidda aan aad uga walwalayaa waa hooyaday oo iyada oo luquntu ay jaban tahay sariir saaran.

Aabbahay waxa uu hooyo guursaday 50'meeyadii. Waxa ay ku noolaayeen nolol xooladhaqato ah oo geel iyo ari leh. Aabbahay waxa uu u dhintay qaniinyo mas, ka dib markii isaga ay hooyo shan u dhashay (afar wiil iyo gabar). Da'dii labaad ayaan ahaa anigu, gabar ayaana noogu yarayd. Markii aabbe dhintay, waxa aannu kala jirnay da'aha u dhexeeya labo ilaa siddeed.

Waxa aannu ku noolayn nolol miyi oo wanaagsan. Subixii ayaannu caano ka dhergi jirnay, dabadeedna xoolaha ayaannu maalinta oo dhan jiri jirnay. Waxa aannu ka ilaalin jirnay dawacada, mulacyadana waxa aannu ku ugaarsan jirnay qaanso iyo leeb geed ulihii laga sameeyay. Fiidkii ayaannu xoolaha soo hoyin jirnay, markaana waxaa nala siin jiray caano, timir, iyo haruur caano iyo subag lagu iidaamay.

Geeridii aabbahay ka dib, beesha waxaa ku habsaday roob la'aan daran oo ay xigtay abaar ba'nayd oo Siigacase la oran jiray, reerkana abaartaa ayay xoolihii badankoodu ku dhaafeen oo aannu ku cayrownnay. Muddo ayaannu gargaarka xigtadayada ku noolayn, dabadeedna abaartii ayaa dabo dheeraatay oo lagu riiqmay. Ilihii biyaha oo dhan ayaa guray, carrigii daaqsintuna waxa uu isu rogay gabaahiir siigadu duulayso. Dabayl culus oo inta ay dhulkii ciiddii ka qaatay siigo cirka ku shareeran ka kicisay ayaa meel walba ka soo dhacday. Dhirtii oo dhan waxay noqotay wax baaba'a iyo in ay ka soo hareen laamo engegay oo qoryo tabar daran ah. Dadka waxaa ku adkaaday socodka. Iyaga oo afka iyo sanku u shareeran yihiin ayay indhahana xoog u marmarayaan, si ay habaaska uga saaraan. Kaalmadii aannu ehelka ka helaynnay waxa ay istaagtay markii xoolihii beesha badankoodii ay abaarta ku baxeen. Abaartii ayaa aad u sii dabo dheeraatay, waxaana bilowday in dadkii le'do. Markaa ayaa la go'aansday in halka ceel biyood ugu dhow loo guuro. Waa ceelka Caynaba oo ilaa boqol kiiloomitir noo jira. Beesha inteedii kale ayaa aannu la galnay geeddi maalmo badan qaatay. Waxa ay ku beegnayd abbaaraha 1955'kii.

Dadku wixii ay xoolo ka haysteen ayaa ay kaxaysteen. Dad iyo duunyaba tabar badani kuma harin, marka ay socon waayaanna inta degdeg u fariistaan ayay barbar u dhacayeen oo isla kobtaa ku nafwaayayeen. Qalfoofyada ka haray raqaha xoolaha le'day ayaa waddooyinkii buuxiyay. Dad badan ayaa iyaguna le'day. Hase yeeshee, maadaama aanay dadka intii geeri ka badbaadday tabar ay maydadka ku xabaalaani ku harin, inta calalladoodii lagu duubay ayaa dhirta dusheeda la saarayay, si aanay bahalladu u cunin.

Maalin walba, marka gabbalku dhaco ayaannu kob degi jirnay. Wax aannu cunno ma aannu haysan, marka laga reebo xididdo la calashado oo ay hooyaday soo gurtay, si ay jidiinka qallalay noogu qooyaan calooshana noogu buuxshaan. Habeen habeennadaa ka mid ahaa ayay hooyo damacday in ay na siiso hilibka neef in uu waddada ku bakhtiyo looga tegay. Haragga inta ay ka saartay oo jarjartay ayay dab belbelaya ku soshay. Inta aan garbaha isgashannay ayaannu dabkii soo ag yaxoobsannay, annaga oo hilibka bisaylkiisa sugi la'. Hooyo ayaa hilibkii si isdabajoog ah dabkii hadba dhan ugu rogtay, annaga oo dhaqaaqeeda walbaba insha la raacaynna. Ugu dambayn, markii ay hilibkii oo qoryo ku mudmudan hortayada soo dhigtay, hal mar ah ayaannu ku wada degnay oo inta degdeg u googoosannay afka ku amaayuugnay. Maxayse kuugu taal—waa uu naga degi waayay hilibkiiye! Inta uu gubtay oo gamaaray ayaa waxa uu ku soo baxay sidii qoryo qallalan oo aan wax dhadhan ah lahayn. Waannu iska tuurnay oo habeenkaana caloolo maran ku seexannay.

Ugu dambayn, markii aannu maalmo badan soo hayaamaynnay ayaannu soo gaarnay ceelka Caynaba oo ku yaal ban ballaaran oo ay burcooyin cammuud ahi tuuran yihiin. Waxaa joogay boqollaal dad ah iyo kumannaan xoolo ah oo u horan in ay ceelka ka cabbaan. Awr tiro badan iyo haamo dhaan ah oo laga furay ayaa ceelka hareerihiisa buuxshay. Waxa ay diyaar u ahaayeen in marka roobku da'o dib carrigii xooluhu daaqi jireen loogu hayaamo. Carruurihii harraadka la ildarnaa biyihii ayay cabbeen ilaa kelyuhu xanuuneen, dabadeedna xoolaha in ay ilaaliyaan ayaa loo diray. Tirooyin xoolo ah ayaa degaannada gobolka oo dhan ka kala yimid, kuwaa oo haddii ay isku darsamaanna ay adag tahay in la kala sooco. Nasiibdarro, xoolihii reerkayaga waxba kama badbaadin, sidaa darteed ayaannu xigto kale xoolaha la shubnay.

Hooyo xoolo la'aan miyiga naguma korin karayn. Sidaa darteed, waxa ay nagaga tagtay dad xigtadayo ah, dabadeedna magaalada ayay u aadday in ay dad kale oo ehel ah gargaar ka soo hesho. Dhawr toddobaad ka dib ayay la soo laabatay hadyado wanaagsan—oo ay ka mid ahaayeen joog kabo carruureed saandal ah oo aan aad u jeclaa—iyo lacag aannu xoolo ku iibsanno.

Hooyo waxa ay go'aansatay in ay qaarkayo u geyso ehel magaalada degganaa. Waxa ay tiri, "Qofkii kabaha qaata iyada ayuu miyiga la joogayaa, inta kalana magaalada ayaa ay aadayaan oo ay ehellada la joogayaan." Waxa ay igu dhiirrigelisay in magaalada marka aad doonto aad biyo iska cabbi kartid. Markaa ayaa aan kabihii walaalkay iga weyn siiyay oo go'aansaday in aan magaalada aado. Haddii aan go'aansan lahaa in aan kabahaa sii haysto, maanta geeljire ayaan ahaan lahaa!

Hooyaday waxa ay dad ehel ah uga tagtay walaalkayo noogu weynaa iyo walaashayo noogu yarayd, saddexdayadii kalana gaari loori ah oo aagga Buuhoodle ka yimid ayay magaalada Burco ee waqooyiga Soomaaliya noola raacday. Hore magaalooyin uma aannaan soo arag, waxaase aannu maqalnay in ay magaaladu tahay meel ay dadku guryo daaro ah oo nalal ifaya leh deggan yihiin. Waxaa kale oo aannu maqalnay in dadku aanay xoolo dhaqan. Hase yeeshee, waxa aad noo xiisagelinayay waxa ay ahaayeen biyaha iyo cunnada meesha ka buuxa iyo ka xoroobidda gaajo dambe.

Burco waxaa nagu soo dhoweeyay reer aannu xigto nahay oo aqal magaalada darafteeda ku yaal degganaa. Dhawr beri ayaannu nasannay, dabadeedna waxaannu gaari kale u raacnay Berbera oo ay degganayd inaadeertayo oo ay isqabeen Cumar Bartire—maareeyihii guud ee BC Company. Goor galab ah ayaannu magaalada soo galnay, waxaana aan la yaabay dhismayaasha aadka uga waaweyn duddumooyinkii miyiga lagu yaqaannay. Waxaa kale oo aannu la ashqaraarnay nalalka ifaya ee guryaha iyo jidadka ka lusha. Inaadeertay xaaxiga xeebta Badda Cas ayay degganayd, markii waagii beryayna waxa aad nooga yaabiyay weynaanta balligan biyaha ah (badda) ee hortayada ka muuqda. Waxa aan la yaabay ballaarka carriga biyuhu fadhiyaan ee ilaa inta indhuhu qabtaan iyo ka shishe waran. Hirarka badda ayaa iyaguna i baqdin geliyay, markaa ayaan hooyaday wayddiiyay in roob ku da'ayaa uu hadba hir soo kicinayo oo uu balligan weyni berriga oo dhan qabsanayo! Hooyaday waxaa ka yaabiyay sida dad nasiib lihi ay inta aayar badda u galaan mulucyo waaweyn (kalluun) uga soo qabsadaan. Waxaan u niyaystay in dadkii aan miyiga kaga imid ee dhibic walba oo biyo ahi sidii dahabka qaali ugu ahayd ay balliyo kan oo kale ah heli lahaayeen. Waan ka rumaystay markii ay hooyaday lahayd, "Weligaa magaalada ku harraadi maysid."

Hooyaday waxay inaadeertay ka codsatay in ay walaalkayo noogu yaraa koriso, intayadii kalana waxa aannu aadnay Harar, oo uu degganaa adeerkay, Xaaji Faarax Xayd. Waxa uu ahaa ganacsade, dabadeedna Wasiirka Wasaaradda Arrimaha Gudaha ee Itoobiya. Waxa uu degganaa guri weyn oo ay ka buuxeen shaqaale, baabuur yaryar, looriyo, iyo mashiinno kale oo cajiib ahaa. Waxaa nala dejiyay qol, shaqaalana waa naloo qaybshay. Sida caadada ah, adeerkay waa uu dumaali karay hooyaday, laakiin taa waxaa meesha ka saaray kala duwanaanta noloshooda iyo maqaamkooda bulsheed. Ka dib markii uu adeer hooyo siiyay wax lacag faro badan iila ekaa ayay aniga adeer iiga tagtay, iyada iyo walaalkayna waxay aadeen magaalada Muqdisho oo ay deggenayd walaashay oo bah kale ahayd. Walaashay waxaa qabay Md. Axmad Umal (Alloore) oo ahaa xubin ka tirsan guddigii sare ee ururkii SYL. Hooyaday halkaa ayay walaalkay uga tagtay, dabadeedna waxay ku laabatay walaakaygii curadka ahaa iyo walaashaydii yaraanka ahayd ee dhulkii Hawd iyo *Riseef Eeriya* (Reserve Area) jiray. Lacagtii ay ehelka ka soo ururisay ayaa waxa ay ku iibsatay xoolo ay dhaqdaan. Mar kale ayay guursatay, waxaana ay dhashay ilmo kale oo yaraan ku geeriyooday.

Magaalooyinkii ayaannu dugsiyo ka kala galnay oo aan waxbarashadii ku dedaalnay, ilaa jaamacad. Dedaalka maskaxda ku dhisan iyo naxariista hooyadayo—mahadi ha ka gaadho e—waxa aan ku gaarnay shaqooyin oo liibaannay. Waxa aan rumaysnahay in haddii jabhadaha mucaaradka ah iyo dawladda dagaallamayaa hooyo la tashan lahaayeen ay xal caqligal ah keeni lahayd. Waxa aan rumaysnahay in ay ka hoggaamin wanaagsanaan lahayd raggan dhergay ee diriraya ee garbaha iyo shafka birqalaxda dhaldhalaalaysa ku sharraxday, iyaga oo iska yeelyeelaya tabtii gumeystayaashii soo xukumi jiray.

Sannado badan oo nolol miyi ahaa ka dib, walaashay iyo walaalkay ayaa iyaguna magaalada yimid, hooyadayse waxay ku hartay Hawd iyo walaalaheed. Sannadkii 1970 ayaannu dhammaantayo Muqdisho u soo guurnay, hooyana waxay noo timid sannadkii 1988, ka dib markii ay luqunta ka jabtay. Aniga ayay ila noolayd intii ay curyaantay ka dib. Waxaannu ku noolayn nolol ladan oo deggan, ilaa markii si lamafilaan ah ay dagaalladu uga qarxeen magaalada Muqdisho. Hooyo waxay naga badbaadisay nolol miyi oo qaxar badan, waxaana markan la joogay xilligii ay dhasheedu uga hagoogan lahaayeen dhibaatada taliska sii dhacaya iyo mucaaradkiisa qabiilaysan ee dagaalka kala soo hor jeeda, kuwaa oo isla gurigayagii nagu go'doonshay.

Galabtii ayaan haddana salaan ugu tegay saaxiibkay, Janan Shawqii, si aan xog uga soo helo halka dagaalku marayo. Jananka ruuxiisa ayaa albaabka guriga iiga hor yimid. Waxa uu i geeyay qolkiisii fadhiga, halkaa oo ay sii fadhiyeen dhawr saraakiil sarsare ah oo isugu jiray madaxdii hore iyo kuwo markaa dawladda la shaqaynayay. Si diirran ayaannu isu salaannay, dabadeedna Janankii ayaa in aan la fariisto igu soo dhoweeyay. Kooxdii meesha fadhiday ayuu is keen baray, sidii aannu markii isugu kaaya horreysay kulmaynno! Badankooda waa aan aqaannay oo waxaa ka mid ahaa Kornayl Maxamad Cabdi oo ka shaqayn jiray Akadeemiyada Sayid Maxamad Cabdille Xasan, halkaa oo aan ka dhigi jiray siyaasadada Afrika, Danjire Shariif Saalax, Kornayl Neero, iyo kuwo kale oo aan in badan aqaannay. Markii aannu xoogaa si guud isaga sheekaysannay ayuu Janan Shawqii na xusuusiyay wixii maskaxdayada ka guuxayay. Waxa uu xusay dhawr dhacdo oo aannu maqalnay ama ogayn. Waxa aannu wayddiinnay Jananka bal in uu wax talooyin cusub ah ka maqlay beesha caalamka. Ceeb aan la qarin karin ayay lahayd in annaga oo labeentii Soomaaliyeed ah aanu shisheeye wayddiisanno in uu xal u helo dhibaatooyinka dalkayaga ka taagan.

Waxa ay u muuqatay in beesha caalamku aanay hayn wax ay u sheegto kooxaha Soomaaliya isku haysta. Markaa ayaa uu Janankii dhankayga u soo jeedsaday oo i wayddiiyay in aan fikrado ka dhiibto colaadaha socda iyo aan wax xal ah hayo. Dadkii qolka fadhiyay ayaan isha mariyay oo iri, "Waxay ila tahay in madaxdii Soomaaliya ugu sarraysay ay halkan joogaan oo ay iyagu iiga war roon yihiin waxa aannu isku dagaalaynno iyo xalka laga gaari karo ee muuqda."

Mid ka mid ah dadkii shacabka ahaa ee meesha fadhiyay ayaa raggii millateriga ahaa eegay oo yiri, "Waxa aan u malaynayaa in ay arrintu salka ku hayso janannada oo awoodda xukun ee dalka isku haysta, ilaa midkood guuleystana nabadi dhici mayso!" Ninku hadalkiisii ayuu sii faafhaahiyay, "Janannada kooxaha mucaaradka ah aasaasay, sida Janan Maxamad Faarax Caydiid, Kornayl Cabdullaahi Yuusuf iyo saraakiishii hore ee kale, iyo Janan Maxamad Siyaad Barre si fiican ayay isu yaqaanneen, waxayna isla soo bilaabeen nolol askarinnimo oo ay ilaa alifle iska la soo bilaabeen. Sannado badan ayay ku wada qaateen in ay jaranjarrada darajada ciidanka isla soo koraan, ilaa ay jananno iyo kornayllo ka gaareen. Sidaa awgeed, waxay ila tahay in janannada iyo kornayllada kooxaha mucaaradka ah hoggaaminayaa ay ka masayrsan yihiin Maxamad Siyaad Barre. Waxay isleeyihiin, 'haddii uu Afwayne madaxwayne noqday, annaguna waa aannu gaari karnaa darajadaa iyo dalka oo aannu hoggaaminno.'

Nin kale oo isaguna shacab ahaa ayaa ku raacay, "Waan la qabaa taa! Dadkooda iyo dalkooda toona dan kama ay laha. Waddani qummani ma adeegsado tolkii oo miiran, si uu dalka u 'badbaadsho.' Mid walba oo iyaga ka mid ah waxaa taakuleeya qabiil. Dhammaantood waa shaydaammo xukun raadis ah!"

Waxaa hadalkii qaatay danjire hore, Shariif, oo yiri,

"Waxa aannu aragnaa waa dagaal u dhexeeya qabiilooyinka waaweyn ee Soomaalida oo ay kala hoggaaminayaan janannadii iyo kornaylladii qabiilladu. Waxa ay ila tahay in xalka laga heli karo madax dhaqameedyada la yaqaan."

Nin kale oo meesha joogay ayaa inta uu qosol ku dhuftay hadalkii raaciyay, "Ma illowday in Kacaanku uu qabiilka iyo madax dhaqameedyaba isla aasay 1970'kii? Haddii aannuu nasiib leennahayba, waxaa dhacda in aannu helno lafaha in xabaashii ka baxsatay oo bananka cidlada ah naftu ku daysay!"

Waxaan ku iri, "Waxa ay ila tahay in sida qalalaasahan looga bixi karaa ay ahaan lahayd in dhinacyada dagaallamaya shir loo qabanqaabiyo oo lagu khasbo in ay wada xaajoodaan." In yar ayaan aammusay oo hadda raaciyay, "Waxay ila tahay in dadaallada ay wadaan qaar ka mid ah danjirayaasha shisheeye ee ay ku doonayaan in ay xukunka kaga riixaan taliska hadda jiraa ay yihiin kuwo aan xal keenayn, dadka Soomaaliyeedna aanay dani ugu jirin. Waxaa ka dhalanaya dhexkabbax awoodeed oo ay adag tahay in mustaqbalka laga soo kabto."

Danjire Shariif ayaa igu raacay, "Beesha danjirayaasha shisheeye waxay u baahan tahay in ay soo hesho hoggaamiyayaasha kooxaha mucaaradka ah iyo qorshayaashooda siyaasadeed. Beesha caalamku waa in ay ogaataa waxa uu yahay qorshaha usc, maadaama ay tahay kooxda ugu awoodda badan dagaalka Muqdisho ka socda." Dabadeed waxa uu eegay raggii millateriga ahaa oo qaarkood Hawiye ka dhashay oo hadalkiisii sii watay, "Waa dhab in qorshaha dalalka shisheeye qaarkood ay ku doonayaan salkicinta taliska hadda xukunka haysta uu yahay mid aan xal lagu gaarayn oo aanay dalka faa'iido ugu jirin."

Kornayl Maxamad ayaa hadalkii qaatay, "Waxaan ka walwalsanahay mustaqbalka dalka, maadaama kooxaha mucaaradka ahi aanay midaysnayn qorshana lahayn, taliska hadda jiraana aanu cago adag ku taagnayn."

Waxa aan rumaysnaa in ay jireen fursado lagu baajin karay musiibadii siyaasadeed ee soo fool lahayd. Xal ayaa la gaari karay, haddii han xukundoon uun ahi aanu indhatireen hoggaamiyayaasha kooxaha mucaaradka ah, Madaxweynuhuna uu si ku qumman uga jawaabi lahaa waayaha isbeddelaya. Intaa waxaa dheer, tabarta beesha danjirayaasha shisheeye iyo duqayda Soomaaliyeed waxaa loo baahnaa in la isugu geeyo sidii inta goori ay goor tahay dhinacyada dagaallamaya meel ay ku wada hadlaan la isugu keeni lahaa, halkii ay mucaaradka ama taliska jira midkood la safan lahaayeen.

Waxaan rumaysnaa in taliskii millateriga ahaa ee nolosha qaranka ku amarkutaaglaynayay tobanguurooyin sano iyo waxgaradkii ku daawanayay intaa, ay masuul ka ahaayeen burburkii qaranka. Heerka hadda colaaddu ay marayso, dhawr qof oo madax sare ka ahaa taslika dawladda aayahooduna iyada ku xirnaa ayaa dhacdooyinka socda yeedhinayey. Nasiibdarro, dadkaasi ma aysan rumaysnayn in ay aayaha dalkooda ka talin karaan, iyaga oo aan Maxamad Siyaad Barre raalligelin. Waxaan ka fekeray cidda amarka bixinayasa iyo cidda la raacayo! Ma janannada ayaa shacabka u khasban mase shacabka ayaa janannada u khasban? Dhanka kale, noomaba muuqan in khatarta ugu wayn ee aayaha dalka ku soo fool leh ay ka imanayso dhanka hoggaamiyayaasha USC, sida Maxamad Faarax Caydiid. Xilligan la joogo, ujeedkoodu maba aha oo keli ah in ay taliska jira la dagaallamaane waxaa u weheliya qorshe lagula dagaallamayo qabiil ballaaran.

Halkii la fadhiyay ayaan ka tegay, aniga oo ka fekeraya jilayaasha tirada badan ee siyaasadda Soomaaliyeed ku jira. Madaxda Soomaalida badankoodu dibadda ayay wax ku soo barteen, waxaana ay la soo laabteen dhaqankii iyo gedihii dalalkii ay jireen. Inta Carabaha wax ku soo bartay, sida Md. Maxamad Saalax, waxay doonayeen in xalku uu ka yimaaddo dalalka Carabta. Inta wax ku soo baratay Galbeedka iyo dalalka Shuuciga ah waxay doonayeen iyaguna in ay ka shaqeeyaan waxa waligoodu doonayo—sidii aanay maskaxba lahayn oo aanay garanayn wax dalkooda iyo dadkooda u roon! Waxay i xusuusiyeen catowgii Frantz Fanon ee ahaa *Black Skin, White Masks* (Dul Madow, Dahaar Cad). Shaki ayaa iiga jiray in ay Soomaalidu dawladnimaba istaahisho.

Markii aan xoogaa soo socday ayaa waxaan ku soo baxay meel laga buuqayo oo aan gurigii jananka ka fogeyn. Dad ayaa ku xoonsan iridda safaaradda Kuuriyada Waqooyi. Waxaan u qaatay in meesha bililiqaysi ka socdo uun dadkuna ay dhowrayaan waxa tuugadu dhismaha kala soo baxdo, xaalkuse sidaa waa uu ka sii foolxumaa. Koox budhcad ah ayaa danjirayaashii ragga ahaana dabaqa kore ku xayiray, dabaqa hoosana dumarkii ayay ku kufsanayaan! Dadkii shaqaaqada daawanayay waxay sheegayeen in kooxdu ay ahayd mooryaan waqooyiga magaalada ka timid oo malleeshiyada USC taageersan. Yaab ayaa iga soo haray, in aan Soomaali ahayna waa aan ka yaxyaxay maalintaa!

Waxaa ii baxday in Soomaaliya oo xurmada dunida dib u mutaysataa ay qaadan doonto dhawr fac. Waa aan iska sii socday oo xaggii guriga usii luuday, aniga oo walaacsan qaraxyada rasaasta magaalada hoose ka dhacaysaana ay hadba iga nixinayaan.

Qoraaga (bidix) iyo Safiirkii Maraykanka u fadhiyay Soomaaliya (1982-1984), Md. Robert Oakley. Xafiiskiisa ayaan kula kulmay, ka dib markii aan helay deeqda waxbarasho ee Parvin Fellowship oo aan waxbarasho kaga galay machadka Woodrow Wilson Public and International Affairs, Jaamacadda Princeton ee gobolka New Jersey, Maraykanka.

(1981-1982) Ka qaybqaatayaasha deeqda waxbarashada Parvin Fellowship Program oo ka kala socda dalalka Niibaal, Shiinaha, Bangaaladheesh, Filibbiin, Hindiya, iyo Soomaaliya oo ay weheliyaan agaasimayaasha barnaamijka. Machadka Woodrow Wilson Public and International Affairs ee Jaamacadda Princeton.

Adeerkay i koriyay, Xaaji Faarax Xayd. Waxa uu ahaa ganacsade aad loo yaqaannay. Waxa uu geeriyooday 1965'kii.

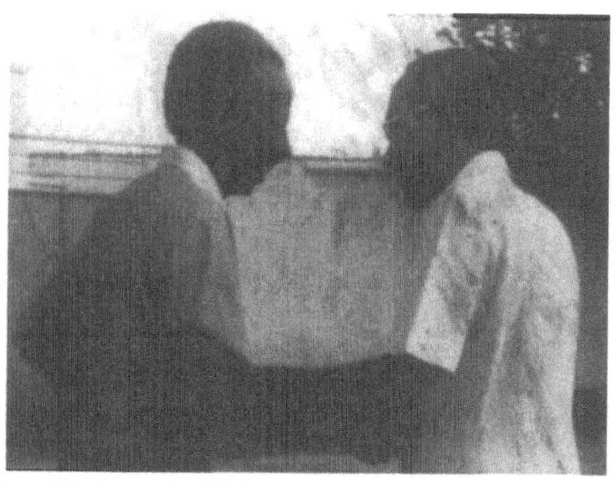

Uqaybsanihii Arrimaha Millateriga ee Masar u joogay Soomaaliya, Janan Shawqii, iyo aniga (bidix) oo gurigiisii joogna. Waa maalintii uu Soomaaliya ka tegay ee uu Masar ku laabtay, Janawari 1991'kii.

Walaalkay Cabdi iyo wiilkiisii madiga ahaa, Xasan Cabdi. Labadaba waxaa bishii Janawari ee 1991'kii Muqdisho ku dilay malleeshiyo USC ka tirsanayd.

MAYDKA 'CADAWGU' DUUG MA LEH!

Waagu markii uu beryay ayaa waxa aan go'aansaday in aan soo nabdaadiyo seeddigay Jaamac iyo qoyskiisa oo Degmada Kaaraan degganaa. Wax gaadiid ah ma shaqaynayn—mid dadweyne iyo mid gaar loo leeyahay toona. Dhawrka baabuur ee xawaaraha ku socda jidadka waxaa lahaa dhinacyada diririya. Sidaa awgeed, sida keli ah ee guriga Jaamac lagu gaari karay waxay ahayd in la lugeeyo.

Waddadii Siinaay ayaan soo raacay. Dagaallo culus ayaa toddobaadkaa horraantiisii ka dhacay, haddase waa ay xasilloon tahay oo dagaalladii waxay u wareegeen xagga Villa Somalia iyo Degmada Dayniile. Soddon daqiiqadood ka dib ayaan soo gaaray Baar Bakiin. Aaggaasi dhaqdhaqaaq nololeed ma lahayn, laakiin burburka dagaallada ka soo gaaray aad ayuu u baaxad weynaa, in badan oo dhismayaasha aagga ku yiil ahna burbur ayaa soo gaaray. Qalab millateri oo gubtay ayaa jidadka wada daadsan, qarmuunka ka soo kamkamayay maydadka dad dhintay iyo xoolo bakhtiyay oo burburka dhex quban aad ayuu u xoog badnaa. Dhawrka darbi ee weli sii taagnaa xabbado iyo madaafiic ayaa daloollo waaweyn ka hulay.

Waa aan iska sii socday, aniga oo ay weli isii wehelinayaan qaraxyada ka yeeraya madaafiicda goosgooska ah ee aagga Dayniile ka dhacaysay. Mararka qaarkood, xabbado meel fog laga soo riday oo soo qaboobay ayaa sidii caleemo qallalan dhulka ugu soo dhacayay, iyaga oo aayar fooryaya. Marka aan sii fogaadaba waxa aan sii xaqiiqsanayay in xabaddo habow ahi ay xaggayga u soo dhacayaan. Degdeg ayaan luuqyadii xaafadda u dhex dusdusay, aniga oo waddada weyn garab socda. Muuqaalkii aan ugu tegay Baar Bakiin agtiisu mid laga argaggaxo ayuu ahaa! Dad dhintay maydadkooda ayaa la taalleeyay, si gaadiidka waddada maraya loogu gooyo. Meel aan taalladii koowaad ka fogeynna sidaa oo kale ayaa la tuuray maydad lagu xannibo isgoysyada oo uu ku jiro kan weyn ee Siinaay. Waxaa la ii sheegay in malleeshiyada USC ay maydadkoodii xabaasheen, dhaawacyadoodiina urursadeen, laakiin maydadkii "cadawga" ay u adeegsadeen in ay jidadka ku gooyaan. Waa ay iska caddayd in ciidanka dawladda iyo shacab badaniba aanay awoodin in ay maydadkooda iyo dhaawacyadooda urursadaan. Xaqii maydku in la duugo u lahaa in lagu tuntay ayaa caddayd.

Dad kale oo aan badnayn ayaa aaggaa joogay. Waddada labadeeda dhinac ayay u kala cararayeen oo gabbaad ka raadsanayeen marka xabbadi dhacdo ama ay qaraxa madaafiicda maqlaan. Sida la malayn karo, waxay naftooda khatar u gelinayeen in ay soo arkaan xigto xaafadda ku hadhay, ama hanti ay meesha ku lahaayeen oo ay mar hore ka carareen ayay soo eegayeen. Aad ayay u xanuun badnayd aragtida dadkaa aan waxba galabsan ee argaggaxsan iyo cabsida daran ee indhahooda ka muuqatay.

Haddii aan sii socdaba musiibada meesha ka dhacday waa ay ka sii daraysay. Waxaa sii batay maydadkii goobaha tuurnaa iyo burburrada gamaaraya oo wax aan loo dulqaadan karin ahaa. Hase yeeshee, maadaama aan maalmo badan burburka dagaalka ka dhashay arkayay, jabaqda culus ee madaafiicda dagaalka ka baxaysana intaa maqlayay, cabsi oo dhammiba waa ay iga guurtay. Geeri baqdinteed ayaan meel iska dhigay, khatarta aan ku suganahayna wax dan ahba uma gelin. Sidaa oo ay tahay, waxa aan dareemay in saacado badan oo kale oo sii socosho ah—si aan seeddigay u soo arko—aanay xigmadi ku jirin. Waxa aan go'aan ku gaaray in aan iska laabto.

Duhurkii ayaan soo gaaray masjidkii xaafaddayda. Waxa aan ku farxay in aan meesha kula kulmay saaxiibkay Faysal oo aannu muddo dheer deris ahayn. Markii aannu tukannay ka dib ayaannu masjidkii ka baxnay oo fariisannay dhadhaabbo yiil meel u dhow xayndaabka xaafadda Afrikaan Filij (African Village). Waxa aannu halkaa isku dhaafsannay wixii aannu war dagaaladda ka haynnay, ka dibna waxa uu i wayddiiyay in aan reerkaygii meesha ka raray iyo in kale.

Waxa aan ku iri, "Ma rarin weli."

Jawaabtaa waa uu la yaabay. Waxa uu haddana i wayddiiyay, "Oo maxaad sugaysaa?" Aniga oo aan hubin ayaan ku iri, "Waxaan u malaynayaa in xaalku caadigii hore ku laaban doono. Miyaanay kula ahayn sidaa?"

Isaga oo aan jawaabtayda u bogin ayuu yiri, "U malayn maayo! Waxa ay ila tahay in muddo dheer aanu xaalku ka soo rayn doonin! Anigu dhawr beri ka dib ayaan Hargeysa aadayaa."

Waxaan doonay in aan ogaado xogta uu mustaqbalka ka hayo, "Maxaad ugu malaynaysaa in aanu xaalku caadi ku soo noqon doonin?"

Wuxuu iigu jawaabay, "Malleeshiyooyinka USC waa la maskaxguuriyay. Ujeedkoodu waa in ay qabiilka Daarood Muqdisho ka saaraan. Dagaalkoodu wuxuu ku jeedaa uun qabiilka Daarood." Hadalkiisii ayuu sii watay, "Waxa ay qabaan in dadka Daaroodka ahi yihiin gaalo dal shisheeye ka timid oo ay dhulkii Hawiye qabsadeen ilaa iyo facyaal badanna soo cadaadinayeen. Waxa ay rumaysan yihiin in ay bannaan tahay dhaca hantida Daarood, guryahooda, iyo dumarkooda, si ay magdhaw ugu noqoto dambiyadii ay waayo badan galayeen."

Hadalka dhegahayga ku dhacaya waa aan rumaysan waayay. Waxaan iri, "U malayn maayo in taasi ay dhab tahay. Ugu yaraan, waa in ay og yihiin in qabiilka Daarood Soomaali yahay. Dadka Hawiye ayay iska guursadeen oo ay wada shaqeeyaan. Waa in ay og yihiin in Alle keli ah ay wada caabudaan, maadaama ay isku masaajid safka salaadda garbaha isa saaraan. Intaa waxaa dheer, in badan oo ka mid ah ayaa imaam Daarood ah ku dabo tukada salaadaha."

Inta uu aad u qoslay ayuu yiri, "Waa wax laga xumaado, laakiin dadku waxa ay doonaan ayay rumaysanayaan marka ay doonaan. Ka soo qaad, marka qof magac leh oo tolkii aad looga qaddariyo uu dhallinyaro masaakiin tolkiisa ah oo aan wax qorin waxna akhrin u sheego in ay u bannaan tahay oo ay qaadan karaan hantida iyo haweenka qurxaha badan ee gaalada! Waa waxaa waxa hadda dhacayaa, rumayso ama ha rumaysan e!"

Aammus dheer ka dib ayuu i soo eegay oo yiri, "Ciidanka usc badankoodu miyiga ayay ka yimaaddeen, weligoodna show qof Daarood ka dhashay lama ay kulmin. Dhanka kale, madaxda Hawiye qorshe ayay leeyihiin, wiilasha reer miyiga ahna waxay u adeegsanayaan in ay Daaroodka ka saaraan Muqdisho."

Waxaan kula kaftamay, "Waa wax lala yaabo! Dadka Banaadiriga ah ee Muqdisho iyo agagaarkeeda degaa waxay qabaan in "faradheerta"—oo Hawiyuhuna ku jiro— ay yihiin ajnabi dal shisheeye ka yimid oo xoog ku qabsaday dalkooda Banaadir! Waxa ay ila tahay in ay ku saxan yihiin taa, maxaa yeelay, maadaama gobolka lagu magacaabo Banaadir, iyaga ayaa leh. Malaha, dhammaantayo koyto carriga qabsatay ayaannu nahay!"

Waxaan ka soo tegay Faysal aniga oo intii uu sheegay waxba ka ruymaysan la'. Ma aanan fahmi karin sababta uu ii cabsigelinayay, si aan magaalada uga guuro. Hase yeeshee, marka aan dhab u sii fekeray, waxa aan garowsaday in waxa uu sheegayo wax ka jiri karaan. Waxa aan hore u maqli jiray in Hawiyaha qaarkii ay rumaysan yihiin in Daaroodku dalka doomo ku yimid oo uu dhul Hawiye degay. Tusaale ahaan, qabiilka Abgaal ee Hawiye, waxay marshaan tix *Guurow* ah oo ay miraheeda qaarkood sidan u dhigan yihiin:

Dooni raacdayaa iyo dabaalataa,
Ar Daarood dalka iiga guur…!

***

Galabtaa daruuro ayaa cirka isku gedaamay, cimiladuna waa ay qaboobayd. Waxaan goostay in aan saaxiibkaygii Masriga ahaa aado. Markii aan gurigiisii tegay ayuu qolkii fadhiga ii gudbiyay. Sidii caadada ahayd, waxaa meesha shaah ku fiiqsanayay dhawr saraakiil sarsare ah oo dawladda Soomaaliya ka tirsanaa. Badankoodu waxay ahaayeen rag Madaxweynuhu shaqadii hore uga fariisiyay, waxayna isu qalqaalinayeen in lagu daro taliska cusub ee la filayo. Waxay isugu jireen Hawiye, Daarood, Raxanweyn, iyo qabiilooyin kale. Cid qabiilka Isaaq u dhalatay kulama kulmin guriga Jananka. Fikirka ay qabeen waxa uu ahaa in dawlado shisheeye oo Soomaaliya dano ka leh, gaar ahaan Masar, Talyaaniga, iyo Maraykanku ay dawladda soo socota dhisi doonaan. Dadka Jananka iyo danjirayaasha kale ee shisheeye u imanayay waxay "codsanayeen" in jago laga siiyo Dawladda Soomaaliya ee la dhisi doono!

Qaar ka mid ahaa kooxda guriga Jananka joogtay waxay u muuqdeen in ay ka mid yihiin Guddiga Manifesto oo farriin sida. Waxaan u malaynayaa in ay rabeen in Jananku dawladdiisa iyo dalalka Carabta uu farriinta uga geeyo. Waxaannu isdhaafsannay xogo colaadaha socda ku saabsan, markaa ayuu Janan Shawqii waxa uu na wayddiiyay in qof uun naga mid ahi uu soo jeediyo waxa uu arko xalka colaadadda taagan.

Ma aanan jeclaysan qaabka uu noola hadlayay oo u ekaa sidii aannu arday u nahay. Ma aanan doonayn in aan falanqaynta ka qaybqaato, sidaa awgeedna waxa aan codsaday in la iga raalli ahaado oo aan baxo, laakiin Jananka ayaa ku adkaystay in aan joogo. Sidaa ayaannu falanqayn aanay waxba ka soconayn ku bilownnay. Marka laga eego wixii raggu ku hadlayeen, waxaa caddayd in dhammaadkii taliska dawladdu uu soo dhowaaday, isu bahalagelinta qabiillada Soomaalida ee ay USC iyo dawladdu ka shaqaynayeenna uu halkii ugu sarraysay ku dhow yahay. Mid ragga ka mid ahaa ayaa inta uu xabeebtirtay hadalkiisii ku bilaabay in uu akhriyo wax u ekaa farriintii kooxda Manifesto. Waxa uu yiri, "Guddigga Manifesto waxa uu doonayaa in Dawladda Masar iyo Jaamacadda Carabtu ay soo farageliyaan colaadda taagan oo ay gacan ka geystaan helidda xal laga gaaro..."

Ninku wax badan ayuu Soomaaliya danjire uga ahaa dalal badan, waxaana ay ahayd in uu diblamaasi waaya-arag ah ahaadaa. Waxa uu hadalkiisii ku soo xiray halka ay la tahay in colaadda Soomaaliya salka ku hayso. Waxa uu yiri, "Itoobiya iyo Kiiniya waxay qorshaysteen in ay Soomaaliya kala gooyaan." Waxa uu intaa ku daray, "Walaalaha Soomaali iyo Carab, Jaamacadda Carabta, iyo dalalka Muslimka ahba waxaa xil ka saaran yahay in ay ka hortagaan dhagarta ay maleegayaan dalalka deriska ah oo ay dadka Soomaaliyeed gacan ka siiyaan sidii ay dalkooda u difaacan lahaayeen."

Warbixintaa danjiruhu aniga waxay ila ahayd maad. Danjiruhu in uu aragtidiisa dhiibanayay iyo waxa aan ii kala caddayn in uu farriintii Manifesto akhrinayo. Waa dhab in Itoobiya iyo Kiiniya ay ku lug lahaayeen khalkhalintii Soomaaliya, malleeshiyooyinka mucaaradkana Itoobiya lagu soo tababbaray oo laga soo hubeeyay. Hase yeeshee, in dalalka deriska ah lagu eedeeyo maskax la'aanteenna iyo burburinta hadda socota waa ka badbadin. Waxaan shaki ku jirin in dawladxumada iyo colaadda Soomaaliya salka ku hayeen musuqmaasuq, eex, caddaalad la'aan uu taliska jiraa ku kacay, iyo hanka habaabay ee dhaqdhaqaaqyada mucaaradka ah. Waxaa intaa dheer, tabashooyinka usc ma ahayn kuwo lagu bannaysan karo burburinta ay sababta u ahaayeen, in xukunka sharcigá ah qalalaase qabiilaysan, layn iyo barakicin dad aan waxba galabsan lagu beddelaana qiil ma ahayn.

Waxaa wax laga murugoodo ahaa in qaafadii Soomaalidu ay dhibaatooyinka haysta xalkooda ka raadinayeen meel walba oo aan iyaga dhexdooda ahayn. Malaha, dhibaatooyinka haysta xal ayay u heli kareen, haddii ay xoogaa uun isdejiyaan oo ay iyaga qudhoodu dib isu eegaan, intii ay cid kale belada haysata ku eedayn lahaayeen, xalkana meelo aanu ool ka raadin lahaayeen. Waxay u ekayd in dadka Soomaaliyeed ay yeesheen dabeecad ah in quwado shisheeye laga fisho in ay saacadda ugu dambaysa soo degaan oo ay dhibaatooyinkooda xalliyaan. Waxaa kale oo ay u ekayd in sharciga iyo kaladambayntu ay fikrad qalaad oo aanay aqoon ku tahay.

Intii aanu Janankii jawaabin ayaa albaabkii degdeg loo soo furay. Waxaa halhaleel ku soo galay danjirihii dalka Ciraaq iyo qoyskiisii oo ooyaya. Dumarkii iyo carruurtii oo barooranaya ayaa xaggii jikada u gudbay. Danjiruhu wuxuu Jananka u sheegay in safaaraddiisii la bililiqaystay, carruurta iyo haweenkuna ay ku sigteen in la kufsado! Waxa ay ku baxsadeen darawalkiisii iyo dad shaqaalaha safaaradda ka mid ahaa oo u soo gurmaday.

Warbixintiisii naxdinta lahayd ayuu sii waday, isaga oo codkiisa oohin ay ku taagtaagan tahay kuna celcelinaya erayga *"musiibah!"*. Jananku Danjirihii ayuu meel dhinac ah ula baxay, halkaa oo ay muddo ku faqayeen. In uu dejinayay oo uu niyadda u qaboojinayay keli ah ma ahayn e, waxaa iska caddayd in ay ka wada hadlayeen sidii ay si nabadgelyo leh dalka uga bixi lahaayeen.

Waxa aan Janankii ka soo tegay aniga oo aan hooyaday war san oo aan u sheego u wadin. Intii aan gurigayga u sii socday, waxa aan la kulmay bililiqo ka socota laanta xaafadda Kaasa Bobulaare (Casa Popolare) uu ku lahaa Bangiga Ganacsiga Soomaaliyeed. Budhcadda bililiqaysanaysay waxay ka mid ahaayeen kooxo Mooryaan loo yaqaan oo malleeshiyada USC taageersan. Darbiga ayay hulal ka dalooliyeen oo uga soo dhaceen, iyaga oo jawaanno lacag warqado ah sitana waa ay ka soo baxayeen. Carruur, haween, iyo duqay aan badnayn ayaa meel bangiga hortiisa ah shaqaaqada ka daawanaya. Hadba inta halka ay dhooban yihiin hore uga soo cararaan ayay urursanayeen lacagta ka qubata jawaannada ragga xoogagga waaweyni ay bangiga kala soo baxeen. Askarta dawladdu waxay riwaayadda ka daawanayeen dhufays meesha u dhowaa oo ay aagga Tarabbuunka (Primo Luulyo) kaga jireen, iyaga oo marmar xagga bangiga xabbado u soo ridaya. Waxay u badnaynd in aanay mushaharkoodii bilo badan helin, laakiin kuma ay dhicin in iyaga oo xataa hub waaweyn haysta ay bililiqada ka qaybgalaan.

12 JANAWARI 1991

DABAAKHTANKII XIGAY

Subixii marka la gaaray ayaan damcay in aan soo salaamo walaalkay iga yar oo reerkiisii u raray meherad farayaamo ah oo uu Degmada Madiina ku lahaa. Waxaan raacay jidka Isbitaal Digfeer ag mara ee Degmada Madiina laga sii aado. Markii aan ku dhawaaday dhismaha Wasaaradda Arrimaha Dibedda, waxaa iga aragaggixiyay burburka aan la rumaysan karin ee meeshaa ku dhacay. Bililiqaystayaal ayaa guryihii dawladda iyo kuwii gaarka loo lahaa ee aagga ku yaallay si aabayeel la'aan ah oo aan la malayn karin u jajabshay. Waxay gebi ahaanba baadheen dhammaan wasaaradihii iyo hay'adihii dawladda. Kuwa waxyeellada ugu weyn loo geystay waxay ahaayeen wasaaradaha Hiddaha iyo Tacliinta Sare, Arrimaha Dibedda, Qorshaynta Qaranka, iyo Wakaaladda Biyaha Qaranka. Dukumiintiyadii dawladda, agab, iyo qalab xafiiseed la jajabshay ayaa barxadaha dhismayaasha, luuqyada deriska la ah, iyo aagga ku xeeran oo dhan daadsanaa.

Wasaaradda Arrimaha Dibedda iyada aad ayaa loo

baaba'shay. Kummannaan dukumiintiyo ah oo ay ku jiraan buugyarayaashii baasabboorrada ayaa dhulka daadsanaa. Sirtii dawladda ee tobannaan sannadood la ururinayay, sida kuwii ku saabsanaa arrimaha Soomaaliyeed ee ku aaddan dalalka deriska ah ee Kiiniya iyo Itoobiya ayaa bannaanka lagu qubay. Halkaa ayay cid waliba ka arki kartay, xataa cadawga ummadda Soomaaliyeed. Waxay u ekayd in bililiqaystayaashu qaateen wixii ay iyagu adeegsan kareen ama iib ku helayeen, intii kalana ay burburiyeen. Meel waddada dhexdeeda ah oo ka soo horjeedda Wasaaradda, wiil yar oo keligii ah ayaa isku dayayay in uu tumo biyaano jabtay oo dhinac u tiil meesha. Lug ayaa jabnayd, wiilkuna inta uu hoos fariistay ayuu isku dayayaa in uu ka dhawaajiyo. Isaga oo sidaa yeelaya ayaa qof dadkii shaqaaqada dhacaysa meesha ka daawanayay ku dhawaaqay, "Biyaanadan waxaa laga soo saaray xafiiska wasiirka!" Malaha, bililiqaystayaasha waxaa ka dhaadhacsanaa in hay'adaha dawladdu ay yihiin uun qalab loo adeegsan jiray in iyaga lagu cabburiyo.

Xagga Isbitaal Banaadir ayaan u sii socday, halkaa oo aan ku soo maray maydad badan oo jidka darbiga isbitaalka ku qabsan daadsan. Nin dhaawac ah oo isla darbiga isbitaalka ku tiirsan ayaa in loo gargaaro ku cataabayay. Waxaa naxdin lahayd sida dadku iyaga oo degdegaya oo aan catowgiisa dheg u dhigin ay u dhaafdhaafayeen! Waxa aan ka caloolxumooday ninkaa miskiinka ah ee darbiga isbitaalka ku tiirsan ee haddana aan wax gacanqabasho ah ka helayn "walaalaha iyo jaallayaasha dalkiisa!" Inta aannu qaadno ayaannu isbitaalka gudaha u gelin karnay oo naftiisa sidaa ku badbaadin karnay. Malaha, waxa aannu is lahayn 'waxaa u dhaantay in uu degdeg u go'o, intii uu geeri aanu ka fursan doonin ugu dhiman lahaa xabbad ama gaajo'. Malaha, waxa aannu islahayn 'degdeg ha u dhaafo oo ha isaga tago, intii mustaqabalkan mugdiga ah ee wax ka soo socda aan la garanayn iyo musiibadan ku habsatay kuwa nool uu ku silci lahaa.' Si ay ahaan lahaydba, gargaarka uu u baahnaa ma uu heleen haddii aanu "qabiilka la rabo" ka dhalan. Malaha, intayada catowgiisa iska dhegatiraysay, waxa aannu rumaysnayn in aannaan wax badan ka dambayn doonin. Malaha, waxa aannaan fahansanayn farqiga u dhexeeya nolol iyo geeri.

Ninka dhaawaca ah iyo maydadka waddada daadsanaa waxa ay ahaayeen dad qabiilka Abgaal ka tirsanaa. Rag Gaalgale[1] Abgaal ah oo ay lafaha kale ee qabiilkaa col ahaayeen ayaa weerar ku qaaday, ka dib markii ay muddo cadaadis Abgaal ku hoos noolaayeen, iyaga oo shisheeyannimo ama tuhun Daaroodnimo lagu riixayay. Gaalgale waxa ay sheegteen in ay qabiilka Majeerteen ka soo jeedaan oo ay waayo hore ka soo dalaabeen (tageen) degaankoodii asalka ahaa oo dhanka koofureed iyo aagga

---

1 Magaca "Gaalgale/Gaalgalo" iyo dadka hayb ahaan loo yaqaannay ama haddaba loo yaqaan, sida ay u oggol yihiin iyo in aanay oggolayn magacaa, taariikhda tolkaa iyo xiriirkii degaan ama dhalasho ee Abgaal ka la dhexeeyay, iyo colaadihii Dagaalka Sokeeye iyo sidii ay u saameeyeen xiriirka labadaa tol waa arrimo u baahan faahfaahin dheeraad ah oo cilmiyaysan, halkanna aan si waafi ah looga baaraandegi karin. Sidaa awgeed, qofka danaynayaa ilo xogeed kale oo ku habboon in uu raadsado ayaa lagamamaarmaan ah. Waxaa iyaguna jira labo arrimood oo in si guud in loo xuso mudan: 1) in magaca "Nuux Maxamuud" oo hayb ahaan isla tolkaa lagu magacaabo uu intii bilowgii Dagaalkii Sokeeye ee Soomaaliya ka dambeysay aad u xoogeystay. 2) In magaca "Gaalgale/Gaalgalo" uu noqday mid aan la oggolayn ama la isku raacsanayn sheegashadiisa iyo isku magacaabiddiisa midna, sababo aan halkan lagu faahfaahin karin dartood. Tan ugu muhiimsan ee hadda ina hor taal waa uun xusidda dhacdoonyinkii nasiibdarrada Dagaalka Sokeeye la yimid ahaa ee ay ka mid ahayd colaaddii xumayd ee labadaa tol ku dhex martay Muqdisho iyo agagaarkeeda.

Banaadir ay Abgaal la soo degeen. Waxa ay sheegteen in jilbaha kale ee Abgaal ay yasi jireen, takoori jireen oo cadaadin jireen. Rag Gaalgale ka tirsan ayaa waddada u galayay dadka qabiilka Hawiye ka dhashay ee qaxaya, gaar ahaan Abgaal. Waxay u galeen isgoys Isbitaalka Banaadir u dhow oo ay dadka ku laynayeen, sida iyagaba loo laynayay. Xilli kala aargoosasho ba'an leh oo uu xeerka duurjoogta noociisa Soomaaliyaysani sarreeyo ayaa xoog u karaarqaatay.

Waxaan ku soo laabtay gurigaygii, annaga oo wadanna gaari ay igu weheliyaan walaalkay iyo ehello hubaysan. Waxa aannu soo rarnay hooyaday iyo walaashay oo keennay garaashkii farayaamada ee walaalkay. Waa hooso aad u weyn oo ay yaalleen makiinado farsamo. Reerka walaalkay ayaa hore meesha u sii degganaa. Waxaannu degnay oo meelo la seexdo ka samaysannay makiinadaha dhexdooda, hareerahooda, iyo labada gees ee darbiyada. Mid waxaannu u astaynnay dumarka (hooyaday, walaashay, dumaashiday, iyo haweenka kale) iyo carruurta, kan kalana ragga. Labada gees ee kale—ee dhinacyada irdaha farayaamada ku beegan— waxaannu ka dhigannay jiko iyo musqul. Wax xeer kala xijaabidda ragga iyo dumarka la xiriira, mid Soomaaliyeed iyo mid Islaam, midna lama dhowrayn. Dumaashiyo iyo seeddiyo ayaa isku hool aan la kala qarsoonayn seexday. Wax war ah uma aannaan hayn inta aannu halkaa sii joogaynno iyo inta ay nabadgelyo sii ahaanayso.

Farayaamadu meel khatarteeda leh ayay ahayd. Alwaaxyo, musbaarro, koollo qallalan, iyo qalab dhisme oo tiro badan ayaa dhulka daadsanaa. Ma ahayn meel carruuri ku noolaato oo ku cayaarto. Sidaa oo ay tahay, cidina ma ay eedsheeganayn, waxaana aannu ku ducaysanaynnay in dhibku mar uun na dhaafo. Dhalinyaro aan isku qabiil nahay ayaa qoryo iyo rasaas noo keenay oo nala joogay.

Dagaalku waa uu sii socday, waxaana uu ku fiday magaalada badankeeda. Malleeshiyada USC iyo taageerayaasheedu waxay haysteen qayb weyn oo magaalada ka tirsan, marka laga reebo aagag aan badnayd oo ay ka mid ahaayeen Villa Somalia iyo qaybo Dayniile ka mid ah, dekedda, gegida diyaaradaha, iyo Degmada Madiina. Xaafadaha qaarkood, sida Jidka Maka al-Mukarrama, xerada Afisyooni, iyo Waddada Warshadaha, xaalkoodu dhan uma dhicin weli oo dhinacna gacan sare kuma lahayn. Ciidammadii dawladda badankoodu inta ay goosteen ayay qabiilladoodii ku biireen, ama inta ay dib u gurteen ayay xeryahooda difaac ka galeen.

Ciidammada weli sii difaacayay taliska dawladdu waxay badankoodu ka tirsanaayeen qabiilka Daarood, ama waxay ahaayeen kuwo ku dhex koray ciidammada, ama ka socda laamaha kale ee nabadsugidda. Waxa aad u kordhayay waxyeellooyinka soo gaaraya ciidammada labada dhinac iyo shacabka dhexdooda ku waxyeelloobay ama si ulakac ah USC ay Daarood ahaanta ugu laynaysay. Intaa waxaa sii dheeraa burburka hantiyeed ee aan la qiyaasi karin. Dagaalku wuxuu baabi'iyay dhismayaashii magaalada hoose badankooda iyo goobihii taariikheed. Bililiqaystayaasha ayaa iyaguna sii waday dhacoodii meheradaha iyo gubidda goobahaa— marka ay ka dhammaystaan waxa yaal.

Kala qoqobiddii ay magaaladu u gacangashay kooxo qabiilba aag haysto waxaa ku barakacay dad aad u tiro badan oo bilaabay in ay ku noolaadaan nolol aad looga naxo oo nabadgelyo, biyo, iyo cunno la'aan ah. Barakacayaashaa waxaa ka mid ahaa madax sare oo dawladda ka tirsanaa, kuwaa oo lumiyay bursiinadii iyo ilaalintii madaxnimo. Waxay kusoo guureen wixii ka bannaanaa guryihii laga cararay ee Degmada Madiina ku yiil. Waxay markaa ku khasbanaadeen in ay dhadhamiyaan nolosha dadka caadiga ah ee aanay weligood filan in ay mar uun ku noolaan doonaan. Haddii ay guryo mukayfyo qaboojiya leh seexan jireen, hadda waxay ku khasbanaadeen in ay dhinaca dhigaan dhulka qallalan ee aanay goglanayn firaash jilicsan, barkimo baal shimbireed lagu cufeeyay, iyo go'yaal carfoon. Haweenkii la alakoodin jiray ee madaxdii qaranka, ee magaalamadaxyada Yurub iyo kuwa Carbeed ka soo adeegan jiray ayaa waxaa lagu soo ciriirshay goobo ay dukhsi iyo dad "xunxuni" buux dhaafiyeen.

Dumarkii "sharafta" lahaa ee qaranka ee aanay wax shaqo ahi ka dhicin in ay isqurxiyaan ma aha e, ayaa ku khasbanaaday in ay suuli af bannaan oo baranbaro iyo dukhsi ka buuxaan la wadaagaan waardiyayaashoodii iyo booyaasooyinkoodii hore ee gacaha u duugduugi jiray. Madaxdii sararo idaad ku cashayn jirtay iyada oo qoysaska Soomaaliyeed badankoodu ay caloolo maran ku seexdaan, ayaa ku khasbanaaday in ay macaansadaan bariis garcadde ah oo foosto-gabalo uskag leh lagu kariyay. Cabbitaanka keli ah ee bariiskaa aan dhadhanka lahayn ay isaga dejin kareen waxa uu ahaa biyo dhanaan oo dhooqo leh oo ceelasha laga soo dhaamiyey, halka ay waayadii hore ka qurqurin jireen soodho qabow ama casiir. Halkaa waxaa ka dhacday xaalad qaab daran oo qofna aanu ku tashan ama aanu weligiiba doonin in ay sidaa u dhacdo.

Waxa aan soo xusuustay sheeko aan ka maqlay afgembi millateri oo sannadkii 1961 ka dhacay dal Afrikaan ah. Hoggaamiyayaashii afgembiga fuliyay ayaa waxay qafaasheen wasiirradii maalqabeenka ahaa iyo madaxdii sare ee dawladda. Markaa ayay dhawr beri ku quudiyeen hambo laga soo ururiyay haamaha qashinqubka ee magaalada, si ay u tusaan waxa dadka danyarta ah muddo dheer u ahaa cunno ay nafta ku ceshadaan. Nasiibdarro, hoggaamiyayaasha dhaqdhaqaaqyada mucaaradka ah ee Soomaalida lama barbar dhigi karo hoggaamiyayaashaa afgembiyada Afrika ee 60'kii. Janannada iyo kornayllada kala hoggaaminaya USC, SSDF, SPM, iyo SNM waxay ahaayeen manaxayaal falan oo qabiilladoodii masaakiinta ah luggooyay, si ay awoodda xukunka dalka u qabsadaan. Waxay ahaayen munaafaqyo tolkood ka dhaadhiciyay in ay caano iyo malab ka durduurin doonaan waaga ay xukunka qabsadaaan.

Duhurkii markii ay ahayd ayuu Radio Muqdisho si aan la filayn hawada u soo galay, ka dib markii uu beryo badan hawada ka maqnaa. Waxaa laga sheegay hindise nabadeed oo ay dawladda Talyaanigu tan Soomaaliya u gudbisay. Hindisaha waxaa ka mid ahaa dhawr qodob oo kan ugu xiisaha badani uu ahaa soojeedinta ah in Madaxweynuhu uu xilka intiisa badan iska wareejiyo uuse talada sii hayo soona dhiso xukuumad cusub oo ay dhammaan dhinacyada is-hayaa u dhan yihiin. Waxaa yaab lahaa in dawlad shisheeye ay madaxweyne dawlad kale ku tiraahdo xukunka iska dhiib. Si ay ahaataba, Soomaalidu waxay rumaysnaayeen in beesha caalamku ay la safatay kooxaha mucaaradka ah ayna ka go'nayd in ay Madaxweynaha xukunka ka ridaan, iyada oo xataa la ogaa in Talyaaniga iyo Masar ay doonayeen in ay taliska jira meesha ku sii hayaan.

Intii aan ka shaqaynayay Wasaaradda Warfaafinta ee aan ahaa Agaasimaha Radio Muqdisho iyo Maareeyaha Guud ee Idaacadaha Soomaaliyeed, iyo waa' dambe oo aan ahaa Agaasimaha Telefeshinka Qaranka Soomaaliyeed, waxa aan la kulmay diblamaansiyiin badan oo dawlado kala duwan ka socday, kuwaa oo shaqooyin aan la garan hayay laakiin ku gabbanayay dallada diblamaasiyadda.

Xiriirrradii aan la yeeshay xubnaha ka tirsan beesha diblamaasiyiinta, badanaa heer rasmi ah oo shaqo la xiriira ayay ahaayeen. Sida caadada ahayd, waa marka ay doonayaan in idaacadaha laga sii daayo ogeysiisyo ku saabsan wafdiyo dalalkooda ka socda oo imanaya. Marmar ayaa waxay codsan jireen in la baahiyo filimmo dukumiintaar ah oo dalalkooda ku saabsan. Mararkaa oo kale ayay qaarkood arrimaha Soomaaliya si caddaan ah uga hadli jireen, mararka qaarna waxay muujin jireen nac ku aaddan dawladda Soomaaliya ka talisa. Mararka qaar, waxay doonayeen in ay ogaadaan aragtidayda ku aaddan habdhaqanka siyaasiyiinta Soomaalida. Mararka qaar, waxay magacaabi jireen dad ay musuqmaasuq ku tuhmayeen. Mar walba waxaan u sheegi jiray in aanan siyaasi ahayn oo aanan ka war hayn xogta ay hayaan. Hase yeeshee, qaar igu soo noqnoqday ayaan u sheegay in dadka Soomaaliyeed ay musuqmaasuqlayaasha ka jecel yihiin shisheeyaha u haysta in eydoodu ay ka caqli badan yihiin Soomaalida.

Diblamaasiyiinta aan la kulmay qaarkood waa ay ka xumaan jireen marka aan ku raaci waayo aragtiyahooda.

Mid diblamaasiyiinta Maraykanka ka mid ahaa ayaa qabay in qabiillada Soomaalida qaarkood ay kuwo kale "gumeystaan". Waxaa kale oo aan xusuustaa mid ka mid ahaa xoghayayaashii ugu horreeyay ee safaaradda Talyaaniga oo u muuqday mid aan waxba ka aqoon bulshada Soomaaliyeed oo u hadlayay sidii Soomaaliya ay weli gumeysi Talyaani hoos joogto. Maba uu dhegaysan wixii aan u sheegay e, waxa uu ii galay baane ku saabsan sida uu doonayo in ay Soomaaliya u ekaato. Naca ay diblamaasiyiinta qaarkood madaxda Soomaalida u hayeen aad ayuu u xoogganaa, waxaana aan malaynayaa in ay ugu wacnayd faylasha warbixineed ee magaalamadaxyada dalalkooda looga soo dhiibay. Waxa ay ii la ekayd in diblamaasiyiintaa aanay u kala caddayn sida siyaasadda dhabta ah ee Soomaaliyeed ay u shaqayso. Sidaa awgeed, markii ay la xirteen kooxaha mucaaradka ah ee Soomaalida, ulajeedkoodu in ay Soomaaliya gargaaraan ma ahayn e danahooda ayay ilaashanayeen.

Waxaan rumaysnaa in dalalka shisheeye ay mucaaradka hiil iyo hooba siiyaan, iyaga oo aan dan u gelin waxa ay ka dheefayaan dadka Soomaaliyeed iyo waxyaalaha kale ee ka dhalan kara. Gaar ahaan, waxa aan malaynayay in siyaasadda Maraykanka ee Soomaaliya ku aaddan uu dabada ka riixayay aargoosi uu kaga dabaakhtamayay ciil hore oo uu ka qabay quursigii Maxamad Siyaad Barre ku dhigay, markii uu horraantii 70'meeyadii dalka ka cayrshay Maraykanka oo uu Midowgii Soofiyeeti xiriirka la yeeshay. Markii Dagaalkii Qaboobaa dhammaaday, Midowgii Soofiyeetina burburay, Soomaaliya waxa ay lumisay muhiimaddeedii istaraatiijiyadeed. Waxay u muuqatay in xilligaa ay reer Galbeedka, oo uu Maraykanku hoggaaminayo, ka xiisadhaceen Madaxweyne Maxamad Siyaad Barre, Soomaaliyana cidleeyeen.

Waxaa taa weheliya, diblamaasiyiinta badankoodu aragti taban ayay dalka ka haysteen. Marka laga yimaaddo 'calanka cas' ee hantiwadaagga cilmiyaysan ee ay Soomaaliya sidatay, beesha caalamku waxay ka aamminsanaayeen in ay meel dhib badan tahay. Dalalka horumaray waxay soo dirsan jireen keli ah danjirayaal shaqadoodu bilow tahay ama aan waaya-aragnimo lahayn. Badankoodu, gaar ahaan kuwa dalalka soo koraya ka yimid, wax ay ka shaqeeyaan ma ay jirin, kuwa dalalka horumaray ka yimidna waxay dalka u joogeen uun in ay joojiyaan ama yareeyaan saamaynta iyo dhaqdhaqaaqyada quwadaha ay is-hayaan. Intaa oo dhan waxaa ka darnaa, bahda danjirayaashu wax xiriir ah lama lahayn bulshada Soomaaliyeed, safaaraduhuna waxay ka soo qaybgeli jireen in aad u yar oo ka mid ah maalmaha dabbaaldegyada Soomaaliyeed—sida Maalinta Madaxbannaanida Soomaaliya iyo ciidaha diineed. Si ay u muujiyaan saaxiibtinnimo, safaaradaha qaarkood waxay casumi jireen qofaf ka tirsan Dawladda Soomaaliya iyo warbaahinta, si ay uga soo qaybgalaan dabbaaldegyada iyo maalmahooda fasaxyada qaran. Waxay qaybin jireen cunno faro badan iyo khamro ay Soomaalida qaarkood sidii caano geel u dhami jireen, maadaama aan suuqa laga helin. Marka laga reebo dhawrkaa munaasabadood ee lagu kulmo, shaqaalaha safaaraduhu waxay dherersi u tirin jireen maalmaha uga haray sii joogidda dalkan. Badanka diblamaasiyiinta dalalka Carabta iyo Muslimka ah ka socday, waxay la dhacsanaayeen xorriyadda khamro cabbidda iyo ismadadaalinta ay isku casumaan safaaradahooda iyo guryahooda qalcadaha u dhigma. Safaaradda Sucuudiga oo qur ah ayaa shaqo diinfidin ahi ka muuqatay, mararka qaarkoodna waxay qaybin jirtay kitaabbo Qur'aanka Kariimka ah.

Markii ay dalalkii hantiwadaagga iyo Galbeedkuba ka xiisadhaceen, waxaan mar walba iswayddiin jiray waxa ay Soomaaliya ka damceen, haddiiba ay wax ka damceen, in ay madaxweynaheeda xukunka ka tuuraan ma aha e? Marar badan ayaan diblamaasiyiinta qaar aan la kulmay wayddiiyay waxa ay doonayaan marka taliska hadda jira la beddelo. Mar walba jawaabo aan caddayn ayay iga siin jireen wayddiimahayga. In kasta oo badankoodu Soomaalida iyo dhaqankooda aanay wax la sheego ka aqoon, waxay u hadli jireen sidii ay iyagu Soomaalida ruuxeeda ka badiyaan waxa Soomaaliya u wanaagsan.

Marka hadalkooda loo eego, waxaa laga dareemayay in qaarkood ay rumaysnaayeen fikraddii duqowday ee ahayd 'Afrikaanku waa cawaan aan ilbixin oo iyagu iswada gawracaya marka ay waayaan qof cad oo ay gawracaan', iyaga oo Afrikaanka u arkaya dad dibudhacay oo cawaan aan ismaammuli karin ah. Diblamaasiyiinta qaarkood waxay u dhaqmayeen sidii 'madaxdii gumeysiga' ee hore, Afrikaankana waxay ka filayeen in ay ka dambeeyaan 'waanada' dalka hooyada u ah, haddii ay taa ka leexdaanna waxa ay fishaan waa uun in gargaarkii la siin jiray laga goosto!

***

Radio Muqdisho waxa aannu ka dhegaysannay Madaxweynaha oo magacaabaya guddiyo, isaga oo ka jawaabaya dedaalka dhexdhexaadineed ee Talyaaniga. Hase yeeshee, waxaan ka mid ahaa dad badan oo ka aammin baxay Madaxweynaha. Qaar ka mid ahaa hoggaanka USC, gaar ahaanna Janan Caydiid, waxay u muuqdeen in aanay waanwaan dambe xiise u hayn.

13 JANAWARI 1991

'GOOBIHII GEERIDA' EE MUQDISHO

Labo toddobaad ku dhowaad ayaa laga joogaa ilaa markii uu magaalada Muqdisho ka qarxay dagaalka u dhexeeya dhaqdhaqaaqa USC iyo dawladda. Waaberigii hore, salaadda subax ka hor ayay xoogaggii USC damceen in ay cagta mariyaan difaaca Villa Somalia oo Madaxweynihii oo awoodda ku dheggani uu ku sugnaa. Mucaaradka si xun ayaa dagaalkaa loogu soo jabiyay, khasaarooyin xoog lehna waa ay soo gaareen, taa oo midnimadii Hawiye wiiqday isku kalsoonidii USC-na dhaawacday. Sidaa oo ay tahay, ciidanka USC garabka Caydiid ee Habargidir, kaa oo dhaqdhaqaaqa USC-na hoggaaminayay, waa ay ka go'nayd in ay dagaalka sii wadaan. Waxaa ka go'naa in ay ilaa halka ugu dambaysa sii dagaallamaan, in kasta oo hoggaamiyayaasha USC ee tolalka kale ee Hawiye, sida Abgaal iyo Murusade, ay ka fekerayeen in ay dagaalka ka baxaan.

Waxaa kale oo la sheegay in labo markab oo Liibiya ay leedahay ay ku soo xirteen dekedda oo gacanta ciidammada dawladda ku jirtay. Warkaasi waxa uu sii gilgilay midnimadii

Hawiye ee awalba liiqliiqanaysay. Waxaa la isla dhex maray in maraakiibtu ay hub u wadeen dawladda. In kasta oo xammuulka maraakiibtu uu ku socday heshiis hore oo labada dawladood ka dhexeeyay, taliska Soomaaliya oo taladu ku xumayd darteed, USC waxaa ka dhaadhacday in dawladdu ay hubka dagaalka socda u adeegsan doonto. Sidaa darteed, hoggaamiyayaashii USC waxay dhiseen guddiyo Hawiye oo duqay ka kooban, si ay wadajirka tolka u dhowraan. Guddigii cusbaa waxa uu ku guuleystay in ay qanciyaan tolalkii talada ka biyadiidsanaa oo dib u oggolaaday in dagaalka la sii wado oo ay qayb ka ahaadaan.

Nasiibdarro, labada dhinacba (USC iyo dawladda) kutirikuteenno badan oo aan saliyo raad lahayn ayay faafiyeen. Mid ka mid ah ayaa lagu sheegay in Madaxweyna kuxigeenkii labaad, Xuseen Kulmiye Afrax, uu dawladda ka soo goostay oo uu safaaradda Talyaaniga magangalay. Xan kale ayaa waxaa lagu sheegay in Maxamad Xaaji Ibraahin Cigaal— oo ka mid ahaa Raysalwasaarayaashii hore ee Soomaaliya— oo dhawr bilood ka hor uun warqad falanqaynaysa arrimaha Soomaaliya u qaybiyay safaaradaha ajnabiga ee Muqdisho, uu diblamaasiyiinta la shirayay. Dadka qaarkii waxay isyiraahdeen, 'haddii madaxdii Soomaaliyeed qaarkood safaaradaha shisheeyaha magangalay qaarna ay diblamaasiyiinta shisheeye la shirayaan, malaha, dadka Soomaaliyeed cidiba uma maqna!'

Taliskii waa uu sii tabardarreeyay, malleeshiyaadkii USC-na cadaadiskii ayay ku sii wadeen. Haddii uu dagaalkii sii jiitamay, waxaa soo batay madaxda dawladda ee muhiimka ah ee Muqdisho ka qaxaya. Waxaa ka mid ahaa wasiirro, saraakiishii sarsare ee Xisbiga, millateriga, iyo shaqaalihii dawladda oo heer dhexe iyo mid hoosaba isugu jira. Si uu qulqulkaa u joojiyo, Madaxweynuhu waxa uu dhisay 'Guddiga Maaraynta Xaaladda Degdegga ah.' Waxa uu ka koobnaa Madaxweynaha, Janan Cabdulqaadir Xaaji Maxamad (Madaxweynaha ayay xigto dhow ahaayeen, aabbihiina Madaxweynaha ayuu soo gacanqabtay waagii uu carruurta ahaa), Janan Axmad Saleebaan Cabdalla (Madaxweynaha ayaa soddog u ahaa), Janan Maxamad Cali Samatar (madaxweynakuxigeenkii koowaad, laga soo bilaabo 1969'kii), iyo Janan Maxamad Siciid Xirsi Moorgan (Madaxweynaha ayaa soddog u ahaa).

Madaxweynaha waxaa ka lumay kalsoonidii Soomaalida badankeeda. Xataa intii yarayd ee daacadda u ahaan jirtay iskuma uu hallayn karin. Dadka guddiyada uu magacaabay ku jiray waxay ahaayeen xigto qoys ahaaneed oo miiran, iyo in kale oo ay rumaysnaayeen in aanay mustaqbal lahayn haddii uu saaxadda siyaasadda ka baxo. Sidaa awgeed, waxay ku khasbanaayeen in ay ilaa halka ugu dambaysa daacad u ahaadaan. Dadkii yaqaannay sida uu u fekero iyo sida siyaasadda Soomaalidu u shaqayso, waxay rumaysnaayeen in Madaxweynuhu aanu hadda wax qiil ah haysan oo ay jiho walbaa ka soo xirantay, guddiyada uu hadda dhisayaana ay yihiin uun iskuday kale oo uu xukunkiisa sii liicaya ku sii xajisanayo.

Waxaa la joogay heerkii ugu dambeeyay ee ay dawladnimo Soomaaliyeed ku burburi lahayd. Dalka oo dhan waxaa ka bilowday qoqobyo qabiil yaryar oo casrigii danyar-raradka la moodo, kuwaa oo mid walbaa u xusulduubayo in uu halkii ay Dawladdu ka baxday galo. Magacii Soomaaliyeed iyo astaamihiisii, oo uu ku jiro calanka Soomaalida aadka ugu weyn ee buluugga xiddigta cad leh ah, ayaa laalmay mar qur ah. Waxaa beddelay magacyo qabiil; Daarood, Hawiye, Isaaq, ama Raxanweyn. Dad hore siyaasiyiin iyo diblamaasiyo u ahaa oo dawladda Soomaaliya ku matalayay dalka iyo dibaddaba waayana la gorgortami jiray lana cashayn jiray hoggaamiyayaasha adduunka, ayaa ku khasbanaaday in ay hadda heer hoose u noqdaan oo ay guddiyo qabiil dhisiddood iyo la doodidda qabqablayaal toleed ku mashquulaan. Rag hore jananno uga ahaa ciidanka Xoogga Dalka Soomaaliyeed iyo kornayllo ayaa sharafta isaga qaaday ururinta, hoggaaminta, iyo diradiraynta malleeshiyooyin qabiileed gaajaysan oo aan wax anshax ilbaxeed leh lagu arag, kuwaa oo ay goobaha colaadaha qabiil ka dagaalgeliyeen. Qabiillada kuwoodii ugu tabarta darnaa, hooyooyin, iyo carruur aan haysan wax ay cunaan iyo hoy ay galaan ayaa ku soo xoomay guddiyadii tolalka, iyaga oo ka doonaya gargaar aanay ka helayn.

Duhurkii marka ay ahayd ayaa waxaan la kulmay saaxiibkay Cabdulqaadir oo ka shaqayn jiray Wakaaladdii Filimmada ee Wasaaradda Warfaafinta. Qabiilka Majeerteen ayuu ka dhashay, waxaana uu taageeri jiray dhaqdhaqaaqa mucaaradka ah ee SSDF. Markii dagaalku bilowday oo dad badani ay magaalada ka qaxeen, waxay isaga iyo saaxiibbo kale soo degeen guri cidla' ahaa oo ku yaallay meel u dhow xaruntii Cabdi Xoosh. Dhismahaa waxaa lahaa Raysalwasaarihii hore ee Soomaaliya, Maxamad Xaaji Ibraahin Cigaal. Mudane Cabdulqaadir waxa uu daabici jiray warqadaha warfaafinta iyo barabagaandada ah ee lagu taageero SSDF iyo halganka ay taliska xukunka haysta kula jirto.

Halkii cusbayd ee uu degganaa ayuu igu martiqaaday oo aannu ku wada shaahnay. Qol fadhi cidla' ah oo ay yaallaan qalab ka kooban isgaarsiin raadyoow rakaal tamarta qorraxda ku shaqeeya iyo makiinadaha wax daabaca ayaannu galnay. Sameecadaha isgaarsiinta raadyoowga waxaa ka baxayay farriimo aan la fahmi karin oo malaha ka imanayay malleeshiyooyinka SSDF. Waxa uu isku dayay in uu ka jawaabo, laakiin lalinta isgaarsiineed oo aad u xumayd ayuu ku wareeray, dabadeedna waxa uu hilaabay in uu raadyoowga iyo dadka ka soo hadlayaba cay caro kulul leh u miiso. Qolka waxaa dhex daadsanaa nuqullo warqado loogu hambalyaynayo USC guulaha ay gaadhay iyo wadashaqaynta ay SSDF la leedahay. Qolku wasakh ayuu ahaa, kulaylkii cimilada Janawarina waa ay uga sii dartay oo waxa ay ka dhigtay meel aan loo adkaysan karin oo uraysa. Indho wardoon ah ayuu igu soo eegay oo i wayddiiyay, "Maxaad dagaalka war ka haysaa?"

Garabka ayaan gundhiyay, "Wax war ah kama hayo. Ma garanayo halka xaal ku dambayn doono, waanse walwalsanahay!"

Waxa uu damcay in uu qalbiga ii dejiyo, "Waxaan waraystay dad ka shaqeeya safaaradaha qalaad oo ii sheegay in xaalku ka soo rayn doono mar dhow."

Waxa ay u ekayd in dhammaan Soomaalidu ay sugayeen in shisheeyuhu dhibaatooyinkooda xalliyo. Saaxiibkay ruuxiisu waxa uu u muuqday in aanu war sugan hayn oo aanu kaba war hayn in USC ay magaaladii hilfaha u laabayso, iyo kumannaanka dadka ah ee la laynayo ama qaxaya. Waxaan ku iri, "Talisku mar hore ayuu tabar dhigay, kumana khasbi karo kooxaha mucaaradka ah in ay waanwaan heshiis galaan, waana ay caddahay in mucaaradku, gaar ahaan USC, aanay qorshe siyaasadeed lahayn. Waxay kaga dhegtay uun in Madaxweynaha xilka laga tuuro oo ay booskiisa galaan, wax walba ha ku qaadatee. Qalalaasaha halkaa ka dhashay waxa uu sababay in hoggaamiyayaal siyaasadeed iyo ciidan ay hurinayaan dabaakhtan kala aargoosasho oo qabiilooyinka ka dhexeeya, taa oo dalka burburinaysa. Labada dhinacba waxay boorrinayaan 'qabiilaynta' colaadda. Haddii qalalaasahani qaranka oo dhan galaaftana, cidina guulaysan mayso!"

Xooggaa ayaan fekeray oo hadalkaygii sii watay, "Waxa ay u muuqataa in kooxaha mucaaradka ahi aanay waxba ka ogayn sida dawlad loo dhiso oo loo xukumo!"

Dawgaa waa uu igu raacay, isaga oo leh, "Waxay ila tahay in mucaaradku aanu dhab ahaan filanayn in Madaxweynaha si sahal ah awoodda xukun looga qaado."

Colaaddii hadda waxay ku baahday dalka oo dhan, nabadgelyo xumadii gobolladuna si xawlli leh ayay uga sii dartay. Ciidammadii millateriga, booliiska, iyo laamihii kale ee nabadsugidduna aayar ayay iska kala tageen isla markii dagaalku Muqdisho ka qarxayba. Dhammaan ciidammadii qalabka siday hubkii iyo qalabkii ay haysteen—oo isugu jiray madaafiicda goobta, taangiyo, iyo in kale oo badan— ayay la tageen oo tolalkood ku biireen. Gobol walba malleeshiyooyin qabiileed ayaa ku loollamaya.

Markii dagaalka u dhexeeya dawladda iyo USC uu bilowday, dhaqdhaqaaqyadii mucaaradka kale ee ay gacansaarka lahaayeen, SNM, SPM, iyo SSDF waxay iyaguna ku dhaqaaqeen hawlgallo dagaal oo ay ka fulinayaan aaggaga qabiilladoodu degaan. SNM waaba ay gashay Hargeysa iyo Burco, labada magaalamadax ee labada gobol ee Waqooyiga— Waqooyi Galbeed iyo Togdheer—waxayna la wareegeen hay'adihii dawladda. Waxay dejiyeen dhammaan astaamihii dawladda, waxayna weerar ku qaadeen shaqaalihii dawladda ee aan qabiilka Isaaq ka dhalan. Malleeshiyada SNM waxay xoog hubaysan u adeegsatay dadkii Daaroodka ahaa oo ay ku qasbeen in ay u baxsadaan Itoobiya, Koonfurta Soomaaliya, iyo degaannada Sool, Sanaag, iyo Cayn. Dhanka kale, dhaqdhaqaaqa SPM ayaa isla waagaa mashaqo ka dhigay Jubbaland oo uu wax xil leh kula kacay qabiillada aan Absame ku abtirsan oo ay ku jireen qaar ka mid ah tolka Daarood, kuwaa oo ay ku eedaynayeen taageeridda taliska dawladda. SSDF ayaa iyaduna soo gashay gobollada Majeerteenku dego oo bilaabay in ay dhisaan maamullo maxalli degaameed ah, qayb xoogga iyo madaxda ka mid ahaydna waxaa loo wareejiyey Muqdisho.

Mar kale ayaan Cabdulqaadir oo warqadihii daabacaya u soo jeedsaday. Waxa aan wayddiiyay waxa uu dagaallada war ka hayo. Wayddiintaydii ayuu wayddiin kale uga jawaabay uun—"Maxay horta Daaroodku u midoobi la'yihiin? Ma la soconnaa waxa qabiilka Isaaq uu Waqooyi ka falayo?"

Si aan u kor ugu qaado qabkiisa iyo rejada uu ka qabo xiriirka USC iyo SSDF ka dhexeeya iyo guulaha lagu taamayo, waxaan ku iri, "Daaroodka badankiisu waa ay midaysan yihiin, taliskana ma taageeraan. Sida aad la socoto, tolalka Daaroodka qaarkood muddo dheer ayay dagaallo kula jireen taliska. Tolalkaa, sida Majeerteen iyo Ogaadeen, waxay qabaan in ay dhib weyn ka muteen, waxaana ka go'an in ay taliska ridaan."

Jawaabtaydii kama uu helin. Wuxuu u qaatay in aanay dhab iga ahayn waxaan u sheegayaa. Si ay ahaataba, waxa uu doonayay in uu wax badan sii ogaado. "Ma naqaannaa mawqifka SNM?"

Waxa aan hubay in uu ogaa waxa ka dhacaya degaanka Isaaqa, gaar ahaan magaalooyinka waaweyn. Waxaan ku iri, "Isaaqu aad ayay dhibaato uga muteen taliska dawladda, SNM-na waxay gacansaar la leedahay USC iyo SPM oo uu Ogaadeen hoggaaminayo, si ay taliska u wada ridaan. Waxaan filayaa in qabiilka Isaaq uu degaanka kula dagaallamayo haraagii taliska."

Eegmadiisa aan libiqsiga lahayn waxaa laga dareemayay in uu ka war hayay hawlgallada SNM. Waxaa kale oo uu shaki la'aan ka walwalsanaa labaqalbida haysata SSDF oo uu Majeerteen gundhig u ahaa. Maxaa yeelay, waxa ay u baahnaayeen in ay horta kala qaybsanaanta dhexdooda ah xalliyaan, inta aanay door laxaad leh ka qaadan colaadda Soomaaliya ka aloosan. In kasta oo ay sannado badan taliska la dirirayeen, dhowaanna ay xataa taageeradooda u muujiyeen USC iyo isbahaysiga USC, SNM, iyo SPM, colaadintii Daaroodka lidka ku ahayd ee USC-Caydiid darteed, ayay Majeerteenka qaarkii u holladeen in ay ka haraan halgankoodii taliska lagu ridayay iyo xulafada jabhaddaba, oo xataa ay ilaa xad difaacaan taliska dawladda. In kasta oo dhaqdhaqaaqa USC oo uu Hawiye gundhig u ahaa u kala qaybsanaa dhinac doonayay in ay waanwaan la galaan taliska oo magaalada burbur ka badbaadiyaan, iyo dhinac (sida Caydiid) sidaa aan doonayn, sidooda kale dhammaan waa ay ka midaysnaayeen rididda taliska. Jabhadaha Daaroodku u badnaa iyagu waa ay ku kala qaybsanaayeen arrintaa. Waxaa kale oo aan maqlay in SPM, oo Absame/Ogaadeen gundhig u ahaa, ay xagga Muqdisho u soo dhaqaaqday, iyada oo xulufaysanaysa USC garabka Caydiid.

Si kastaba ha ahaatee, SSDF xaalad labaqalbi adag oo labo daran mid dooro ah ayaa haysatay. In kasta oo taliskii Soomaaliya ay mucaarad ku ahayd lana dagaallamaysay ilaa 1978'kii, waxaa imminka soo wajahay bilowgii dibindaabyaynta qabiilka ku dhisan ee ay USC shacabka Daarood—oo ay ku jiraan xubno SSDF ka tirsan iyo qabiilka Majeerteenba—u geysanaysay. Waxaa intaa dheeraa, USC oo ay markaa u carfaysay guushu ayaa sidii daaxuur caraysan shafka u garaacaysay kuna ballanfurtay isxulafaysigii kooxaha mucaaradka Daarood ee SSDF iyo SPM. USC waxay aqbalaysay oo keli ah hambalyooyinka uga imanayay SNM iyo taageerayaasheeda.

Cabdulqaadir waxa uu aamminsanaa in tolkii ay haystaan dhibaatooyin badan oo gudahooda ah. Dhinac marka laga eego, janan Majeerteen u dhashay oo muhiim ahaa, Maxamad Siciid Xirsi Moorgan, isla markaana uu Madaxweynuhu soddog u ahaa, waxa uu doonayay in tolkii ay taliska taageeraan. Malleeshiyo xoog leh oo uu tolkii ka dumay ayuu Garoonka Kubbadda Cagta dejiyay. Dhanka kale, afhayeenkii SSDF Nayroobi u fadhiyay iyo taliyaha garabka millateriga ee SSDF, Kornayl Cabdulqaadir Gardheere, ayaa diiday talada ah in la taageero taliskii ay sannado badan la soo dagaallamayeen. Nasiibdarro, ninkii SSDF midayn lahaa agaasin xoogganna ku duwi lahaa, aasaasihii iyo hoggaamiyihii SSDF, Kornayl Cabdullaahi

Yuusuf, waxa uu ku jiray xabsi Itoobiyaan. Sidaa awgeed ayay SSDF hoggaamin siyaasadeed ku seegtay.

Qabiilka Majeerteen ee dhaqdhaqaaqa mucaaradka ah ee SSDF Itoobiya ku aasaasay, waxa ay sannado badan dagaal kula jireen taliska dawladda Soomaaliya. Sannadahaa dhaqdhaqaaqa SSDF ma beegsanayn ciidanka dawladda iyo laamaha amniga oo keli ah e, waxaa kale oo ay weerarro ku qaadi jireen dadyaw Daarood ka tirsan, gaar ahaan Marreexaanka, oo ah tolka Madaxweynaha, iyo Dhulbahante oo Marreexaan isxulafaysi dhow la lahaa, kuwaa oo ay ku eedeeyeen in ay dawladda la shaqeeyaan. Sidaa ayaa ay SSDF cadaw badan ku yeelatay. Waagii 1978'kii ee la aasaasay ka dib, SSDF waxay dawladda ku eedaynaysay ciqaab safmar ah oo ay tolkood ku qaadday iyada oo laysay dadkoodii, ceelasha iyo barkadaha oo la dunshay, ciiddanka dawladda oo lagu fasaxay in ay dumarkooda kufsadaan, iyo xoolahoodii oo la xasuuqay, si dadka gaajo loogu go'doonsho oo ay hadhow isu dhiibaan. Magaalooyinka, SSDF waxay dawladda ku eedaysay in ay xabsiga dhigtay xubno muhiim ah oo ka tirsan iyaga oo aan hannaanka sharciga la marin.

Eedaymaha Majeerteenku soo jeediyay wax badan ayaa ka jiray. Ka dib markii SSDF iyo kooxaha kale ee mucaaradka ah Itoobiya lagu dhisay, dagaallada u dhexeeya ciidammada Soomaaliya iyo dhaqdhaqaaqyada Itoobiya taageerto ee ka dhacaya xuduudbeenaadda labada dal u dhexaysa, ayaa joogtoobay oo mararka qaar heer halis ah gaari jiray. Dawladda Soomaaliya beesha caalamka ayay ogeysiisay waxa ka dhacaya xuduudda, waxayna ku eedaysay Itoobiya in ay dhulkeeda kusoo gardarrootay. Gaar ahaan, waxay dawladdu wargelisay Maraykanka, gargaarna waa ay wayddiisatay. Nasiibdarro, dawladda Soomaaliya ma aanay awoodin in ay caddayso xadgudubka Itoobiya. Dabadeed, bartamihii bishii Julaay ee 1982'kii ayuu ciidan iskudhaf ah oo ka kooban SSDF iyo unugyo ciidanka Itoobiya ka tirsan qabsaday magaalooyinka Galdogob iyo Balanballe. Galdogob waxay 60 kiiloomitir u jirtaa magaalamadaxda Gobolka Mudug ee Gaalkacyo, waxayna ku taal xuduudda dhankeeda Soomaaliya xiga. Ciidanka magaalooyinka qabsaday waxay wateen hub culus oo ka koobnaa taangiyo iyo gawaari gaashaaman. Ka dib markii ciidanka Soomaaliya magaalada ka baxay, dadweynihii degaankuna waa ay ka qaxeen, markaana waa la bililiqaystay.

Qabsashadii Galdogob iyo degmooyinka kale ee xuduudka ku yaal, waxa ay walwal ku abuurtay dawladda Soomaaliya oo ka shakiday qorshe Itoobiya ay ku doonayso in ay ku qabsato gobollada dhexe ee Soomaaliya, dabadeedna ay dalka labo qaybood u kala goyso. Marka laga yimaaddo hay'adaha sirdoonka qaranka, Wasaaradda Warfaafintu koox warfidiyeenno ah ayay Muqdisho ka dirtay oo u dirtay magaalada Gaalkacyo, si ay uga soo warramaan xaaladda. Kooxdaa ayaa aan hoggaaminayay, waxaana ka mid ahaa wariyayaal ka kala socday Radio Muqdisho, wargeyska Xiddigta Oktoobar, Wakaaladda Wararka Soomaaliyeed, sawirqaadayaal iyo filinqaadayaal ka socday Wakaalada Filimmada Soomaaliyeed. Waxa aannu ku safarnay labo gaari iyo OB van warlaliska dibadda wareega loogu talagalay (OBV – Outside Broadcasting Van).

Goor fiid ah ayaannu Gaalkacyo soo galnay. Waddada weyn ee Gaalkacyo na keentay waxaa dhishay dawladda Shiinaha, magaaladana waxay u kala qaybisaa labo dhinac.

Markii aannu magaalada soo dhex maraynnay ayaannu aragnay in dhanka midig ee magaalada uu nalku ka dansan yahay, dhanka bidixna uu wada ifayo! Madaxdii gobolka ayaa na geeyay guriga martida ee dawladda, markii aannu wayddiinnay waxa magaalada nuskeed nalku uga dansan yahayna waxay yiraahdeen, "Magaalada dhankeeda mugdiga ah waxaa deggan dadka dawladda ka soo horjeeda, matoorkii korontada siinayayna iyagaa qarxiyay, iyaga oo u qaba in ay dawladda wax ku yeelayaan."

Hadalkaa wixii ay ka wadeen waxa aannu u fahannay, 'Dhanka mugdiga ah ee magaalada waxaa deggan SSDF iyo taageerayaasheeda.'

Maalintii xigtay, waxa aannu booqannay jiidda hore ee dagaalka oo ay joogeen ciidanka cadawga Galdogob ku hor jooga. Taliyayaasha ciidanku waxay noo oggolaadeen in aannu ilaa masaafada suuragalka ah soconno, si aannu sawirro uga qaadno filinna uga duubno wixii ay noogu sheegeen 'ciidammo huwan ah oo isugu jira malleeshiyada SSDF iyo cutubyo ciidanka Itoobiya ah.' Warar toos ah oo aannu gaariga OB-ga ka soo tabinaynno ayaannu u soo dirnay Radio Muqdisho. Nasiibdarro, meeshaa fog kama aannaan arki karin wax noo caddeeya in ciidanka Itoobiya ay magaalada joogaan.

Maalintii xigtay, aroor hore ayay 12 diyaaradood oo Miig-21 ciidanka Itoobiya leeyahay ah, weerar ku soo qaadeen gegida diyaaradaha ee Gaalkacyo, halkaa oo dhawr Miig-17 ahi ku xeraysnaayeen. Miigagga Itoobiya waxay ku soo weerar tageen qaab garbo siman ah oo afar rac oo min saddex diyaaradood ah u habaysan. Rac walbaa markiisa inta uu gegida dul haaday ayuu barxadda diyaaraduhu ka duulaan bambaanooyin ku sayray. Madaafiicda lidka diyaaradaha oo gegida tiil ayaa lagu riday magaalada dusheeda. Filinqaadaha iyo sawirqaadahayaguba waxay isku dayeen in ay qalabkoodii duqoobay diyaaradaha muuqaal ka sawiraan filinna ka qabtaan, mase ay hubin waxa ka soo baxaya. Waa in ay sugaan inta filimmada Muqdishu loo qaado in la soo caddeeyo. Bambaanooyinkii bohollo waaweyn ayay ka qodeen barxadda diyaaraduhu ka duulaan. Sida loo maleeyay, ujeedka weerarku waxa uu ahaa in gegida diyaaraduhu ka haadaan la burburiyo, si looga hortago in loo adeegsado in diyaaradaha dagaalka ee Soomaaliya halkaa ka weeraraan ciidanka Galdogob iyo Balanballe qabsaday.

Dhacdadaa warbixinteeda waxa aannu u gudbinnay xafiiska Wasaaradda ee Muqdisho, waxaana aannu xusnay in ay jiraan filin iyo sawirro aanu qaadnay. Ergo Maraykan ah ayaa galabtii Gaalkacyo timid oo la kulmay madaxda dawladda iyo taliyayaasha ciidammada. Markii ergadii subixii tagtay gegida diyaaradaha iyo jiidda hore ee dagaalku ka socdo, ee ay soo arkeen boholihii ay diyaaradaha Itoobiya meesha ka qodeen, ayaannu filinkii siinnay, iyaguna Muqdisho ayay kula noqdeen. Waxaa mar dambe naloo sheegay in baniikollada aanay sawirro ku jirin. Lama aannu yaabin taa. Kamaradaha duqoobay ee aan casriga ahayni ma ay sawiri karin diyaaradaha dagaalka ee guuxooda ka dheeraynaya.

Tol kale oo Daarood ah, Ogaadeenka, ayaa isaguna cadaawe u hayay taliska dawladda. Waxay Itoobiya ka dhisteen dhaqdhaqaaqa mucaaradka qabiilka ku salaysan ah ee SPM, taliskana waxay ku eedeeyeen dambiyo dadkooda ka dhan ah oo Jubbaland loogu geystay. Waxay ku eedeeyeen taliska in uu dadka safmar u ciqaabay oo loo geystay dil, dhac, kufsi, iyo ceelasha biyaha oo laga sumeeyo, si loo curyaamiyo oo gacanta loogu dhigo. Waxaa kale oo ay ku eedeeyeen cadawtinnimo joogto ah iyo weerarro arxandarro ah oo dadkooda lala dabo joogo. Sidaa awgeed, dhadhaqaaqa SPM waxa ay bilaabeen weerarro dhuumaalaysi ah oo ay ku qaadayeen ciidammada dawladda sannado badan.

Tol kale oo Daarood ah, Dhulbahantaha, isaga oo aan u diyaar ahayn ayaa ay dagaalladu qabsadeen. Siyaasiyiinta waaweyn ee tolkaasi waxay taageereen dawladda, sidaa darteedna Majeerteenka iyo tolal kale oo Daarood ahiba kuma aanay kalsoonayn. Tiro xoog leh oo tolkaa ka tirsan ayaa jagooyin muhiim ah ka hayay dawladda waayo badan, labo ka mid ahna Madaxweynaha ayaa soddog u ahaa. Soomaali badan ayaa si aan ka fiirsasho lahayn ugu eedeeyay tolka oo dhan in ay jaajuusyo u yihiin dawladda. Waxaa taa u dheeraa, Majeerteenka iyo Absamaha oo labaduba abtirsiga uga dhow Marreexaan ayaa ku eedeeyay in Dhulbahantuhu ay ku barifureen oo ay la safteen 'cadawgooda' Marreexaan.

Taa waxaa uga sii darnaa, dhaqdhaqaaqa USC ayaa dacaayad taban ka fidiyay, taa oo sii xumaysay arrinka. USC waxay dadkeeda ka dhaadhicisay in dawladda Soomaaliyeed uu Daarood keli ahi ku shaqaysanayay, Hawiyahana xuquuqdoodii la duudsiiyay oo la cadaadiyay, kuwaa oo eedaymo aan sugnayn ahaa. Waxa ay dadkeeda ku boorrisay in ay soo ceshadaan wixii ay xaqa u lahaayeen, dalka iyo dawladda. Taa waxaa ka dhashay in USC iyo taageerayaasheedu ay jagooyinkii shaqada dawladda ka saaraan dhammaan shaqaalihii Daarood oo ay ku beddelaan dad USC ka tirsan. Taa waxaa dheeraa in caasimadda dhexdeeda ay Daaroodnimadu ka noqoto dambi dil lagu muto.

Halkii ay USC dadka Soomaaliyeed ee isku sida ugu dhibaatooday taliskii millateriga ahaa isu keeni lahayd, oo ay waa' cusub oo yididdiilo iyo barwaaqo leh curin lahayd, ayaa ay ku barifurtay isxulafaysigii dhaqdhaqaaqyada mucaaradka Daarood ee SSDF iyo SPM, waxa ayna bilowday in ay colaad la beegsato dhammaan shacabka Daaroodka u dhashay, iyada oo filanaysa in ay Soomaaliya keligeed xukunto. USC waxaa si khaldan uga dhaadhacsanaa in haddii ay Muqdisho 'xorayso' dalka intiisa kalana ay dabo gelayso!

Cabdulqaadir xaruntiisii ayaan ka soo baxay aniga oo dareenno isku dhafani ii baxayaan. Waxa aan go'aansaday bal in aan soo fiiriyo gurigaygii Afrikaan Filij ku yaallay, oo aan alaabadaydii uga soo tegay. Malleeshiyada USC waa ay u soo dhowaadeen xaafadda oo Waddada Shaqaalaha ayaa hadda ah xadka kala qaybiya dhinacyada diriraya. Markii aan Hoteel Taleex soo gaaray ayaan ogaaday in aan goob dagaal soo galay. Ciidanka dawladda iyo malleeshiyooyin raacsan ayaa hoteelka gudihiisa iyo agagaarkiisaba joogay. Malleeshiyada USC waxay xabbado ka soo ridayeen darbiga ku teedsan Carwada Qaranka iyo Waddada Siinaay labadeeda dhinac. Degdeg ayaan hore ugu sii socday xagga Dugsiga Sare ee Banaadir, aniga oo darbiyada dhismayaasha ku gabbanaya. Hal mar ah ayaa aniga oo aan iska jirin nin labbis millateri xirani iiga soo booday xas oo qori caaraddii igu qabtay. Halkaygii ayaan ku qallalay, dhuuntaydii engegtayna waxaa ka soo yeedhay hadal iskuyaac ah oo aan la garan karin. Qoriga caaraddiisa ayaa uu shafka iga saaray oo isaga oo igu qaylinaya i wayddiiyay, "Yaad tahay?"

"Soomaali ayaan ahay." Ayaan degdeg u iri. Qoriga afkiisii ayaa uu dhuunta iga saaray oo hadda igu qayliyay. "Soomaalidaada was! Yaad tahay? Mar kale ku wayddiin maayo e ogow!"

Waa aan iska ogaa in aanan la doodi karin ama aanan u sheegi karin in uu iska bixiyo labbiska loo siiyay in uu aniga igu difaaco. Intii aanan u sheegin qabiilkayga oo ahaa aqoonsiga uu i wayddiinayo, oo ay dhici kartay in malaggaygu ku galo, ayaa uu nin kale waab agtayada ahaa ka soo baxay oo ku amray in uu iska kay sii daayo. Sida aan u maleeyay, ninka kale waa uu i yaqaannay ama dagaalka ayuu ka soo hor jeeday.

Xagga Fagaaraha Tarabbuunka ayaan u cararay, dabadeedna waxaan soo raacay dhabbe dhex mara meel dhir iyo bacaad leh oo dhabarka kala laabata xarunta Naadiga Horseed, si aan gurigaygii ku gaaro. Halkaa waxaan ku arkay muuqaallo qarracan iyo yaqyaqsi aan la malayn karin. Illeen meeshu waa 'goob gawrac!' Maydad ayaa daadsan dhulka oo dhan. Marka hadba sida ay u qurmeen loo eegana xilliyo kala duwan ayaa la dilay. Maydadka qaar dhiig ayaa ku rognaa milil bunni ahina waa uu ka dareerayay. Kuwo kale inta ay aad u fuureen ayay dillaacid ku dhowaayeen. Qaar waxaa ka soo baxay lafo jajaban oo uu isu hayo keli ah harag madow oo dubmay. Duddooyin dukhsiyo ah ayaa maydadka ku degay oo faganaya, carrada ka hoosaysana waxaa qooyay dheecaanka ka duxay. Dixri doonaya meel qoyan oo hoos leh oo uu milicda kulul kaga gabbado ayaa iswada jiiraya maydadka qaarkood. Bannafka maydadka qurmay ka soo kamkamaya wax loo adkaysan karo ma ahayn. Dirxiyada naftooda u halgamaya ayaa aan si gaar ah uga fekeray. Waxa aan la yaabay waxa ay uga duwan yihiin shacabka birimageydada aan hubaysnayn ah ee naftooda la cararaya!

Ugudambayn,waxaaanimidgurigaygii.Bililiqaystayaashii ayaa dabo iyo dacal geddiyay, agabkii guriga dhex yiil iyo qalabkii ku dhisnaana waa lala tegay. Xataa fiilooyinkii korontada ayaa darbiyada laga fuqsaday. Dhulka waxaa sida qashinka u daadsanaa maacuun iyo muraayado burburay. Darbiyadii oo qallalan oo keli ah ayaa ka sii taagnaa. Isla markiiba waan ka laabtay oo waxa aan afka saaray xaggii degaankayga cusub ahayd ee degmada Madiina, aniga oo intaa ka sii fekerayay mustaqbalka mugdiga ah ee qaranka haleelay. Waxa aan u baqay oo aan aad uga walwalsanaa naftayda iyo qoyskaygaba. Waxaa kale oo igu soo dhacay hawsha weyn ee sugaysa jiilasha soo socda ee ay haysato in ay dalkooda dhaqanceliyaan, inta aan dawlad jirtaba mar dambe lagu sheegin. Dhab ahaan, taariikhdu ma cafin doonto kuwa tolalkood luggooyay, waddaniyaddii Soomaaliyeed xabaalay, qabyaaladdana sare u qaaday, si ay awood qof ahaaneed oo dhalanteed ah u hantaan.

14 JANAWARI 1991

GEERIDII QOYSKA GASHAY

Maalintan dagaallo culus ayaa ka socday dhawr aag. Wararku waxay sheegayeen in ciidammada dawladdu ay si aabayeel la'aan ah madaafiic ugu duqaynayeen aagagga USC haysato qaarkood. Waxaa la soo sheegay in Suuqa Siinaay (agagaarka isgoyska Siinaay) gebi ahaantiiba la gubay dagaallo culusna ay agagaarkiisa ka socdaan. Waxaaan maqlay in dagaalku ku fiday dhawr goobood oo cuusb oo muhiim ah, kuwaa oo ay ka mid tahay Xarunta Ciidanka Badda.

Dadkii aagagga lagu dirirayo ka soo qaxay waxay soo sheegeen in dhinacyada dagaallamayaa ay shacabka dibindaabyaynayeen. Dawladdu dadka shacabka ah ee aagagga dagaalka joogay in ay khatar ku yihiin oo ay USC taageeraan ayay u haysatay, waxaana lagu khasbay in guryahooda laga qaxiyo, taa oo xadgudub cad ku ah xuquuqdooda aadaninnimo. Dhanka kale, dadkii qaxayay waxay soo sheegeen warar dhiillo daran leh oo sheegaya dambiyo aad u fool xun oo ay malleeshiyada USC ku kacday.

Waxay soo sheegeen xadgudubyo arxandarro ah oo ay malleeshiyadu geysatay, kuwaa oo siyaabo badan uga darnaa xadgudubyada aadaninnimada ka baxsan ee ay ciidammada dawladdu geysanayeen. Waxay soo arkeen kufsi baahsan, dil, iyo dhac badanaa shacabka Daarood ee ku nool aagagga ay markaa USC haysatay loogu geysanayay. Markii ay soo baxday dhaqanxumada USC, dad badan ayaa shaki ka keenay kartida ay u leedahay hoggaamin dawladeed marka taliska xukunka hayaa dhaco.

Xaqiiqada ah in USC aanay ku dadaalayn in ay xulufaysato tolalka Daarood, si ay caabbin xooggan oo dhicidda taliska dedejisa u helaan, iyo xaqiiqada kale ee ah in malleeshiyooyinka toleed qaarkood ay ka go'nayd in ay u dhintaan difaaca taliska sii liicaya, ee dagaalka iyo dilka ku dhaqaaqay si uu xukunka u sii xajisto, dabcan xiriir ayaa ka dhexeeyay. Hase yeeshee, dadka caadiga ah badankiisa, su'aasha maankooda gadday waxay ahayd: waa maxay sababta dadka qaarkii dad kale ugu laynayaan 'sharaf qabiil'? Jawaabta keli ah ee laga bixin karay waxay ahayd in hoggaamiyayaasha labada dhinacba ay ka faa'iidaysanayeen shucuurta dadka ee ku salaysan wax lagu magacaabo difaaca 'danaha qabiilka.' Labada dhanba dan uma aanay galayn darxumada dadka haysatay iyo boqollaalka hareerahooda ku le'anayay. Labada dhinacba waxaa ka go'naa in ay magaalada iyo dalkaba gubaan, si ay gacanta sare u yeeshaan. Si ay ahaataba, in mucaaradka USC uu ka sii xun yahay taliska—in yar ma aha e Soomaalida oo dhan in uu dhaco ay doonayeen—waxay ahayd mid aan aan la qaadan karin.

Maalintaa galinkeedii dambe, waxaa i soo gaaray war aan

maqlo intii dagaalku bilowday kii iigu murugada badnaa. Waxaa la ii soo sheegay in walaalkay Cabdi iyo Xasan, oo ahaa wiilkiisii keli ahaa, abtigay Cabdicasiis Ismaaciil (Dakharre), iyo Aamina Jaamac oo aan abti u ahaa, ay malleeshiyo USC raacsani dishay. Sidii caadadooda maalmeed ee Mawlaca Sheekh Nuur ahayd, Cabdi, Cabdicasiis, iyo saaxiibbadood waxay jidadka ka ururinayeen maydadkii yaallay, si ay u aasaan. Iyaga oo hawshaa haya ayaa iyaga iyo afar qof oo kale la dilay. Xasan ayaa markii uu dhacdada maqlay u cararay Mawlaca Sheekh Nuur, si uu uga war doono aabbihii, haddii ay u suurawdana uu maydkiisa soo qaado oo la aaso. Nasiibdarro, intii uu sii socday ayay malleeshiyadii USC qabteen oo isagana dileen. Qoysku ma aanu awoodin in ay maydadkooda soo qaataan, si aasid Islaameed oo sharfan loogu sameeyo.

Maalin hore uun ayay ahayd markii aan walaalkay Cabdi ugu tegay Mawlaca Sheekh Nuur. Wiilkiisa Xasan ayuu geed hooskii la fadhiyay. Waxa aannu ka sheekaysannay qoyska intiisii kale iyo halka ay ku sugan yihiin, waxaana aannu isku raacnay in xaaladda meeshu ay ka soo darayso. Hase yeeshee, aragti falsafadeed ayuu isagu qabay. Waxa uu yiri, "Soomaalidu waxay ka abaaldhaceen nimcada Alle ku mannaystay. Dhaqankii gaalada ayay raaceen, risaaladii Alle iyo Kitaabkana waa ay tuureen. Kitaabku waa manhaj ay tahay in ay dadku raacaan inta kooban ee ay dunidan ku nool yihiin! Nasiibdarro, halaagga maanta na haysta annaga ayaa isu keennay."

Ma aanan doonayn in aan kula murmo ama ku khilaafo aaminaaddiisa iyo falsafaddiisa, taas oo yoolkeedu yahay Waxdaaniyadda Alle iyo u adeegidda aadanaha kale. Hase ahaatee, waxa aan doonayay in uu fahmo in colaadda Soomaaliya ka taagani aanay diin shaqo ku lahayn. Waxaan u sheegay in colaaddu isu sii rogayso dagaallo qabiileed, taliska dawladduna aanu awoodin in uu sharciga dalka fuliyo. Waan u digay, "Qabiilka Daarood waxaa meel walba ku weeraraya Hawiye iyo Isaaq. Taasi diin wax shaqo ah kuma laha, haba yaraatee! Haddii aadan qabiilkooda ka tirsanayn, malleeshiyada usc iyo dooxatada wareegaysa ayaa ku dilaysa, waana aad og tahay in tolkeen aanu aaggan ka dhowayn oo aanu ku difaacayn!"

Si yaab leh inta uu ii eegay ayaa uu yiri, "Wixii Alle qaddaro cidina kama baxsan karto! Isla marka kaligiitaliyuhu xukunka ka dego ayuu xaalku caadi ku soo laabanayaa, Soomaalida oo idilna inta ay khilaafkooda dhinac iska dhigaan ayay heshiin doonaan. Inta taa la gaadhayo, dadku waa ay dhibaatoon doonaan, maxaa yeelay, colaad oo dhan dadka caadiga ah ayaa mar walba ku dhibaatooda."

Waxa aannu ka barinay in uu na raaco, oo waxa aannu xusuusinnay in haddii dooxatada wareegaysaa hesho aanay dooddiisa waxba ka soo qaadayn e, ay u badan tahay in ay dilaan. Codsigayagii waa uu diiday, waxaana uu ku adkaystay in uu halkiisa joogo oo uu 'aakhiro' u shaqaysto. Waxa uu akhriyay aayad Qur'aanka ka mid ah oo macnaheedu yahay "Cidina ma soo hormarin karto mana dibdhigi karto xilliga naftu baxayso", si uu go'aankiisa ugu xoojiyo.

Waa uu noo duceeyay, annaguna waan isaga soo tagnay. Waan ogaa in uu nin ehlu-diin ah yahay, laakiin waxaa iga yaabiyay rumayntiisa ah in aan waxba dhicin Alle oo doona ma aha e! Waxa uu rumaysnaa in uu dhinto isaga oo diintiisa ku dheggan, haddii uu 'jidka toosan' ku dhintana uu ku qanacsan yahay qaddarta haleesha. Waxa aan ka soo tagnay annaga oo isu ilmaynaynna markii ugu dambaysay ee aannu in aragno. Ma aannaan hubin in aannu dib isu arki doonno.

Bilowgii dagaallada, Cabdi iyo saaxiibaddiisii Mawlaca Sheekh Nuur joogay waxay fulin jireen shaqo mutadawacnimo Islaameed ah. Maydadka ayay jidadka ka guri jireen oo si qumman u aasi jireen. Fiidadkii inta ay ag fariistaan dab belelaya, ayaa ay Qur'aan akhrin jireen, naftooda iyo qarankana u ducayn jireen. Waxaan u haystay in Cabdi uu ugu yaraan ku farxi doono dhicidda taliskii muddo labaatan sannadood ka badan ciqaabayay.

Cabdi waxa uu ahaa waddani qarandoon ah iyo gabyaa ka qaybqaatay halgankii xornimada Soomaaliyeed ee laga la horjeeday gumeystihii Talyaaniga ee koonfurta dalka haystay. Taliskii gumeysiga ayaa u xiray dhadhaqaaqyadiisii gumeysicaabbiga ahaa oo uu ka waday goobo ay ka mid ahaayeen xarumaha lagaga tashado gumaysicaabbiga, halkaa uu gabayo ka marin jiray. Sidaa ayaa xabsi muddo dheer ah loogu xukumay, ka hor xornimadii 1960'kii. Markii uu dalku 1960'kii xornimadiisii qaatay, dawladdii Soomaaliyeed ee cusbayd ayaa dambigii lagu eedeeyay laashay oo inta ay soo deysay shaqo wanaagsan ka siisay Wasaaradda Arrimaha Gudaha, halkaa oo uu ka shaqayn jiray ilaa afgembigii millaterigu talada dalka ku qabsaday, 21'kii Oktoobar 1969'kii. Markii millaterigu xukunka qabsaday, waxaa lagu eedeeyay kacaandiidnimo iyo in uu yahay 'lama-qaataan'. Shaqadii ayaa laga fadhiisiyay, waxaana lagu amray in aanu Muqdisho dhanna u dhaafi karin. Muddo labaatan sannadood ah ayuu 'xabsihoosaad' ahaa oo uu la rafanayay kafaalaqaadidda qoyskiisa oo ka koobnaa saddex carruur ah iyo hooyadood.

Intii aan guriga u sii socday, waxaan galay dhisme u dhowaa Wasaaradda Arrimaha Dibadda oo u lahaa hantiile la yaqaannay. Waxa uu ahaa deeqsi aad loo qaddarin jiray oo Maxamad la yiraahdo. Waxaa kale oo uu qunsulsharafeed u ahaa Dawladda Holand. Xagga hooyada ayaannu xigto ka ahayn. Dhismaha waxaa ka buuxay dad ka soo barakacay aagagga ay USC qabsatay. Ragga qaarkii waxay fadhiyeen kaabadda ama xatabadda guri mundul Afrikaan weyn u ekaa oo uu hantiiluhu xafiis ahaan u adeegsan jiray. Rag kale oo badan ayaa qaad ku ruugayay mundulka dhexdiisa. Waxaa kale oo aan dhaqdhaqaaqa dadka meesha isdabamaraya ka garan karay, in fillo dhismaha meel geeskiisa ah ku taallay ay iyadana dad haween iyo carruur isugu jiraa ka buuxeen. Ragga badankiisu waxay ahaayeen shaqaale dawladeed sare oo shaqooyinkoodii dawladda laga soo cayrshay. Sheekooyinkooda waxa laga garan karay in ay sugi la' yihiin dhicidda taliska xukunka haysta. Waxay u badan tahay in ay islahaayeen waxaad fursad kale u heli doontaan shaqo dawladeed sare oo khasnadaha dawladda lagaga ag dhowaado.

Qaarkood ayaan garanayay oo aannu isa salaannay. Badankoodu Dhulbahante iyo Isaaq ayay ka soo kala jeedeen. Marka laga yimaaddo in ay reer waqooyi wada yihiin, waxaa kale oo isu keenay nacaybka ay u qabeen Madaxweynaha iyo taliska uu madaxda ka yahay. Xifaalayaal fool xun ayay ku dhigayeen taliska xukunka haysta iyo Kacaankaba. Mar ay jugta madfac maqleen, mid ka mid ahaa ayaa ku dhawaaqay, "Kacaankii ayaa dhuusaya! Marka kacaan dhimanayo, dhuuso ayuu ka wareegaa!" Markaa ayaa ay ragga intiisii kalana qosol ugu jiibiyeen, kaa oo soconaya ilaa xifaale kale la helo, dabadeedna qosolkooda ayaa ka sii dara oo cirka isku shareera.

Awoodda nacaybku uu leeyahay, ilaa heer uu dadka indhatiro, ayaa iga yaabiyay. In kasta oo ay raggu aad u doonayeen in talisku dhaco, wax dan ahba kama ay lahayn cidda beddelaysa. Dibindaabyada dadka aan waxba galabsan ku dhacaysay iyo burburinta nolosha iyo wixii lagu noolaan lahaaba, iyaga ma ay khusayn. Dan uma ay gelayn barakicinta kumaannaan qof la baday iyo kala daadashada dalka. Waxa ay u dhaqmayeen sidii ay musiibo dhacaysa dayaxa ka daawanayaan oo aanay dhulkaba ku noolayn!

15 JANAWARI 1991
XUSUUSASHADII FIYATNAAM

Gurdankii dagaalku duhur dabadii ayuu maalintan bilowday. Ma caddayn sababta uu aroor hore iyo salaadda subax dabadeed u bilaaban waayay, sidii caadada u ahayd. Wax ay sababtu ahaydba, dibudhacu kuma iman wadahallo labada dhinac u socday. Markan dagaalka dib u bilowday aad ayaa uu u cuslaa oo qaraxyadiisu u cabsi badnaayeen. Ciidammadii dawladda iyo taageerayaashoodii waxay dib uga gurteen waqooyiga magaalada, xagga magaalada hoose iyo badanka degmooyinka Villa Somalia u dhow. Xoogagga mucaaradka ee ay USC hoggaaminaysay, waxay hubkooda yool uga dhigeen Villa Somalia oo uu Madaxweynuhu dagaalka ka hoggaaminayay. Si ay dib ugu caabbiyaan weerarka USC, ciidammada dawladdu waxa ay gurmad difaac adag oo ay taangiyo iyo madaafiicda goobtu ugu waaweyn yihiin ku xeereen Villa Somalia. Uuro madow ayaa maalintaa ka qiiqday agagaarka Villa Somalia, habeenkiina olol dhawr mayl laga arki karay ayaa cirka isku shareeray. Sida wararka la isla dhex marayay ay sheegayeen, maalintaa waxaa gacanta sare lahaa USC. Malleeshiyadu waxay weerar ku qaadday aagaggii yaraa ee gacanta dawaladda ku sii harsanaa, khasaare ba'anna waa ay geysatay. Iyada oo ka falcelinaysa ayay dawladduna duqaysay aagaggii USC qabsatay, halkaana ka geysatay khasaare ka sii ba'an oo dadka shacabka ah gaaray.

Duhurkii mar ay ahayd ayaan u tegay uqaybsanihii millateriga ee Masar dalka u joogay. Isaga iyo qoyskiisuba waxa ay isu diyaarinayeen in ay qayb ka noqdaan samatabixin lagu daadguraynayay shaqaalaha safaaraddiisa. Waxa uu iga codsaday in aan saafaraddiisa oo halka uu deggan yahay aan ka fogeyn u sii raaco. Shaqaalihii safaaradda oo uu safiirkii ku jiro ayaa si karkabo iyo buuq badan leh isugu diyaarinayay daadgurayn ay dalka uga baxaan. Qof walbaa waa uu hadlayay ama dadka kale ayuu ku qaylinayay. Dhammaan waxay u dhaqmayeen sidii ay guri gubanaya ku jiraan. Kulkii bisha Janawari ayaa uga sii daray oo dadka qaarkii ku khasbay in ay aad u dhididaan dirqina ku neefsadaan. Waxay u muuqatay in dadka khibradda millateri leh oo keli ahi ay walaacooda xakamayn kareen.

Dadka safaaradda joogay ee daadguraynta sugayay dhammaantood Masaari ma wada ahayn. Waxaa ku jiray Carab badan oo ay ka mid ahaayeen safiirkii iyo shaqaalihii safaaradda Ciraaq oo u ekaa in ay dawladdoodii dayacday. Waxaa kale oo ka mid ahaa Yamaniyiin iyo dad kale oo Carab sheeganayay laakiin Soomaalida ka madmadoobaa. Eed ma ay lahayn, illeen maalintaa cidina ma doonayn in ay Soomaali sheegato e.

Janankii xafiiskii safiirka ayuu iigu yeeray. Safiirkii oo daal iyo wareer ka muuqdo ayaa miiskiisii shaqada dul fadhiyay.

Kaaliyayaashiisii ayuu amarro kala hagid ah oo isdabajoog ah siinayay, waxaana uu u muuqday in uu qalqaalinayay kolonyo gaadiid ah oo shaqaalaha iyo 'martida' gegida diyaaradaha geysa, ka hor inta aanay diyaarad Qaahira ka imanaysay soo degin. Waxa uu ku dedaalayay in uu isu duwo gawaari ku filan dadka iyo ciidanka kolonyada bililiqaystayaasha illinka safaaradda ku wareegaya ka ilaalinaya. Dhawr beri ka hor ayaa ammaanka oo aan adkayn darteed koox bililiqadoon ahi illinka xoog ku soo jiireen oo ay dhawr gaari la baxsadeen.

Waxa aan u malaynayaa in Jananku doonayay in qaar hawlwadeennada safaaradda ka mid ah uu dalka uga tago oo ay xaaladda la sii socdaan, waxaase si xooggan uga hor yimid oo ku diiday safiirka oo aan fursadba u siin in uu qorshihiisa u bandhigo. Waxay u muuqatay in uu ka walwalsanaa samatabixinta shaqaalihiisa oo uu dalka ka saaro inta aanu xaalku ka sii darin.

Galabtaa, goor dambe, waxaan maqlay in koox mooryaan hubaysan ahi ay kolonyadii daadguraynta weerartay oo ay dirqi ku gaareen gegida diyaaradaha iyaga oo bedqaba. Soomaali badan oo ka cararaysa mustaqbalka mugdiga ah ee ku soo fool leh ayaa ku soo xoomay gegida diyaaradaha, si ay diyaaraddaa Masar ugu raacaan, iyaga oo aan hore loogu tashan. Gegidu weli gacanta dawladda ayay ku jirtay, daahid dheer dabadeedna diyaaraddii waxay qaadday shaqaalihii safaarradda iyo xoogaa Soomaali ah oo 'callaal' ahaa.

Bixiddii safaaradda Masar nuqsi ayay lahayd. Soomalidu waxay u haysateen in Masar ay tahay dal siyaasadda Soomaaliya u yaqaan si aanay dalal kale oo badani gaari karin. Jananku waxa uu doonayay in uu wakiil Masar matala dalka uga tago oo ay xaaladda indhaha ku sii hayaan, ilaa inta suuragal ah ee nabadgelyo ahaan la sii joogi karo. Sida aan ka gartay hadal aniga iyo diblamaasiyiinta Masar na dhex maray, waxaan qabay in Masar doonaysay in ay arrimaha Soomaaliya lataliye uga noqoto dalalka kale ee danaynayay arrimaha Soomaaliya.

Safaaradda Masar waxay ka mid ahayd kuwii ugu dambeeyay ee la daadgureeyay. Safaaradaha kale badankoodu shaqaalahoodii marar hore ayaa ay la baxeen, dalkana waxaa ku haray diblamaasiyiin xoogaa ah oo ay dalka uga tageen. Safaaradda Maraykanku mar sii horreysay ayaa ay shaqaalaheedii hawlgal filimadda Hollywood camal ah kula baxeen (Janawari 5 – 6). Shaqaalihii safaaradda waxaa lagu duuliyay diyaarado helikobtar ah, oo sida iska caddayd ka soo duulay maraakiib meel dekedda Muqdisho u dhow ee Badweynta Hindiya hoganayay.

Helikobtarradu habeen madow ayaa ay soo degeen oo nalal aad u if badan oo dadka indhatiraya ku shideen heeladka safaaradda iyo agagaarkeeda oo dhan. Ciidammo si heer sare ah u tababbaran ayaa ka soo daatay, iyaga oo dhan walba rasaas u riday, intii aanay dhulka cagaha soo dhigin. Shaqaalihii safaaradda iyo ajnabi kale oo badan ayay helikobtarradii ku rareen, dabadeedna askartii inta ay helikobtarradii degdeg ugu kala boodeen ayay sidii ay ku yimaaddeen habeenka ku gudeen. Gaandheriyada helikobtarradu xabbadaha ay ridayeen ma ay kala joojin ilaa ay ka libdhayeen. Waxa ay u muuqdeen in aanay kala jeclayn in xabbadaha ay ridayaan ay dadka ku bajiyaan iyo in ay dilaan. Nolosha Soomaalidu iyaga wax weyn uma ahayn. Hawlgalkoodaasi waxa uu aad ugu ekaa daadgurayntii dadka Maraykanka ah Fiyatnaam lagaga soo saaray, xilligii dagaalka.

***

Waxaa la ii sheegay in guddigii boqolka xubnood ka koobnaa oo uu Madaxweynuhu hore ugu xilsaaray xal u raadinta colaadda taagan aanay ku kulmin halkii laga filayay ee Golaha Shacabka. Wararka la isla dhex marayay waxa ay sheegayeen in ay u tegi waayeen golaha shirka dagaal culus oo aaggaa ka socday dartii. Si ay ahaydba, dadka qaarkii waxa ay rumaysnaayeen in xubnaha guddigu shirka kas uga baaqdeen, sababtuna ay tahay iyaga oo ka baqayay in dawladdu inta xayirto ay madaxooda kula gorgortanto mucaaradka. Waxaa kale oo ay rumaysnaayeen in dawladdu ay aad u doonaysay in indhaha lagu hayo ay iska leexiso oo ay meel kale ku jeediso.

Waa ay iska caddayd in Madaxweynaha iyo lataliyayaashiisu ay si karkabo leh oo habaqle ah guddiga isugu duween. Intaa waxaa dheeraa, Madaxweynaha oo si caalwaa ah isugu dayaya in uu shacabka dejiyo ayaa mar kale Radio Muqdisho dadka kala hadlay, isaga oo dadka Soomaaliyeed ka codsanaya in ay heshiiyaan oo ay iscafiyaan. Waxa uu uga digay "dhagaraha cadawga", waxaana uu ka codsaday in ay ku wada ducaystaan nabad. Dadka badankiisu khudbaddiisa dan kama gelin, waxayna sii wateen in ay magaalada uga qaxaan si walba oo ay karaan iyo jiho walba oo ay aadi karaan, si ay nabadgelyo u helaan. Sida warbixinnada qaarkood sheegeen, boqollaal qof oo labada dhan ah ayaa maalin walba dhimanayay, gurmadyo malleeshiyooyin ahina saacad walba ayay USC uga imanayeen miyiga iyo gobollada dhexe. Waxaa kale oo waqooyiga dalka ka yimid gurmad door ah oo ay SNM u soo dirtay USC. Hase yeeshee, gurmadka USC u imanayay badankoodu bililiqadoon aan colaadda socota waxba ka aqoon ayay ahaayeen.

Xubno muhiim ah oo taliska Maxamad Siyaad Barre ka tirsanaa, kana soo jeeda tolka Isaaq, ayaa si sir ah ugu kala dabqaadayay malleeshiyooyinka USC iyo SNM. Dadkaa waxaa ka mid ahaa maareeyihii guud ee muddada badan haystay Wakaaladda Batroolka, Maxammad Xawaadle Madar, oo ay walaalo ahaayeen Raysalwasaarihii Soomaaliya, Xasan Xawaadle Madar. Falkaa oo kale khiyaano qaran ayaa lagu xukumi lahaa dunida ilbaxa ah, Soomaaliyase in qabiilka daacad loo noqdo ayaa ka horreysa dawladda iyo qaranka oo daacad loo ahaado. Hase ahaatee, sheekada ugu qaabka daran ee maalintaa la hayay waxa ay ahayd in taliyayaal sarsare oo ciidammada dawladda hoggaaminayaa ay hub, qalab, iyo rasaasba ka iibinayeen malleeshiyooyinka USC!

KA QAXIDDII MUQDISHO

Dagaalkii mar kale ayaa uu salaadda subax dabadeed dib u bilowday. Waxa aan jamaacada kula tukaday masjid hoosada aannu degganayn ka soo hor jeeday. Dadka tukanaya badankoodu qoryo ayaa ay siteen, si ay malaha isugu difaacaan haddii ay baryada Alle ee badbaadada, naxariista, iyo dambidhaafku ay ku filnaan waydo. Mar walba, salaadda dabadeed, inta ay qoryahooda gurtaan ayaa ay masjidka ka wada baxayeen, iyaga oo la moodo koox malleeshiyo ah.

Maanta, markii salaadda laga baxay, nin sidii culammada u labbisan ayaa ka istaagay xagga mixraabka masjidka oo dadkii cibaadaysanayay u sheegay in xalay habeenbarkii ay koox mooryaan ahi inta ay albaabka ku soo jabiyeen guriga ugu soo dhaceen, dabadeedna inta ay isaga iyo ooridiisiiba dibadda u saareen, ayaa ay labadoodii gabdhood kufsiwadareed kula kaceen. Waxa uu ku cataabay, "Xalay oo dhan gabdhuhu waa ay ooyayeen, umase aan gargaari karin. Qorraxda ayaa ugu soo baxday iyaga oo sidii u ooyaya oo gargaar wacanaya. Maxaa na helay dadyahow? Fadlan, waxaan idin ka doonayaa in la ii gargaaro oo aad gabdhaha ila badbaadisaan!" Cid u dhaqaaqday catawgiisa gargaar dalbashada ah ama su'aashiisa ka jawaabtay ma ayan jirin. Dadkii meesha ku cibaadaysanayay inta ay shilimaad yar meesha ugu tuurtuureen ayay masjidka halhaleel uga baxeen.

Waxaa magaalada ka jiray biyo iyo cunno yaraan ba'an. Xataa biyoolayaasha gaaridameerrada foostooyinku saaran yihiin watay ee biyaha naadin jiray waa la waayay. Dumar iyo carruur biyaddoon ah oo caagado sita ayaa iyaga oo isdugsanaya, si ay kooxaha mooryaanta ah ee dibadaha wareegaya isaga weheshadaan, waddooyinka isdabo marayay.

Caadi ayay magaalada ka noqotay in la arko kooxo dhagarqabayaal ah oo waddooyinka hadba dhan u socda, iyaga oo intaa raadinaya dad ay dhacaan ama dumar ay qafaashaan, oo gurayaha cusub ee ay dhaceen ay ku kufsadaan. Argaggax ayaa ay magaalada geliyeen, gaar ahaan dumarka iyo caruurta rag xoog iyo hub leh aanay difaacayn. In badani dibindaabyadaa joogtada ah ee mooryaantaas ciyaalasuuqa ahi u geysteen ayay qarsanayeen, in kale oo badanina inta magaalada ka qaxeen ayay tuulooyinka u dhowdhow ama gobollada kale ee dalka aadeen. Qalalaasahaa waxaa ka hoos fufay gaboodfallo qabiilaysan oo uu taliska xukunka haystay ku kacay, colaadwadareed bulsho oo ay usc kaakicisay, goboodfal gaar ahaaneed oo ay ku kaceen kooxo mooryaan qabiileed ah, iyo qawlaysato hubaysan oo diirato ah ayaa isugu darmay magaaladii oo argaggaxiso ku riday. Dagaalku waxa uu ahaa masrax lagu hardamayo oo ay kumannaan qof ku saxariireen kuna dhinteen. Dad badan ayaa xuquuqdoodii iyo hantidoodii ku waayay, halka kuwo kalana ku taajireen bililiqada hantida birimagaydada bulshada. Ololaha ku salaysnaa collaadda qabiil iyo dibindaabyada ay geystaan kooxaha mooryaanta aan cidina dirsan ah, oo isugu jiray dil aan loo aabayeelin, kufsi, iyo dhac bahalnimo ah ayaa ahaa musiibada ugu daran ee dagaalku la yimid. Ololahaa waxaa joogto u ahaa burburinta guryaha degaanka ah, hay'adaha dawladda, safaaradaha, iyo meheradaha ganacsiga.

In badan oo mooryaanta ka mid ahaa dibjirro ayaa ay ahaayeen dagaalka hortii, waxa ayse muddo aad u yar ku urursadeen hanti aad u faro badan. Boolida ay urursadeen waxay isugu jirtay lacag caddaan ah, dhar, dahab, iyo alaabooyin kale oo qaali ah. Badankoodu waxay ahaayeen dhallinyaro aan weligood xataa ku riyoon gaari ay raacaan, iska daa mid ay yeeshaane. Mid walbaa dhawr gaari ayaa uu isku duwday, kuwaa oo ay ku jireen baabuurtii martida ama xafladaha ee dawladda iyo kuwii hay'adaha caalamiga ah ama safaaraduhu ay lahaayeen.

Markii nabadgelyadii iyo kala dambayntii duntay, ayaa ay mooryaantaa wareegaysaa noqdeen kuwa waddooyinka magaalada oo dhan ka taliya, iyaga oo burburshay nolosha dad badan oo isugu jira waayeel, dumar, iyo carruur. In badan oo dagaaggaa ka mid ahi waxa ay iska degeen guryo si fiican u goglan oo beero qurxoon leh. Waxa ay ku sakhraameen khamri ay ka soo bililiqaysteen guryo, fillooyin, iyo safaarado ay jabsadeen, markaa ayaa ay waddooyinkii—oo markaan keligood ay ku amarkutaagleeyaan—hadba dhan gawaaridii ay soo dhaceen iyaga oo ku hilan ugu cayriyaan. Guryaha dadka ayaa ay u dhici jireen inta ay albaabbada ku soo jabiyaan, iyaga oo raadinaya dumar ay kufsadaan. Guryahaa ay u dhacaan ayay gabdhaha iyo dumarka waaweyn qori caaraddii kaga soo kaxaystaan oo guryihii ay iyagana xoogga ku degeen la aadaan. Halkaa ayaa ay ku kufsan jireen, ilaa dhibbanayaashu ka miyir beelaan, dabadeedna iyaga oo jir iyo maskax ahaanba u dhaawacan ayaa ay bannaanada jidadka ku soo tuuraan.

Dadka ay dhibaatada aadka u sii darani soo gaadhay waxa ay ahaayeen dumarka ka soo jeeda beelaha laga tirada badan yahay ee magaalada dega, kuwaa oo aan hubaysnayn ama aan dagaallada ku jirin. Markii sharcigii magaalada kala hagayay dumay ayaa ay qaar ka mid ah dadkaa, oo guud ahaan Banaadiri ama Xamari loo yaqaan iyo beelo kale oo aan wax difaaca lahayn, inta ay qoysaskoodii wateen, wixii ay lacag caddaan ah iyo dahab haysteen, hantidoodii kale ee qaaliga ahaydna intii ay qaadi kareen qaateen, ayaa ay masaajidda iyo xarumaha diinta magangaleen, iyaga oo filayay in mooryaantu ay xurmayn doonaan oo aanay ugu soo gelayn goobahaa barakaysan. Waayeelka, dumarka, iyo carruurta ayaa ay masaajidda ku urursheen, raggiina albaabbada ayaa ay ilaalintooda iyo difaacooda u fariisteen.

Murugada dhacday, mooryaantii inta ay u yimaaddeen ayaa ay raggii albaabbada joogay iyo khaadimyadii masaajidda garaaceen oo meel walba baarteen. Lacag iyo dahab wixii ay qaadan karaanna inta ay urur.sadaan ayay gabdhaha iyo dumarka kaxaystaan. Beryo ka dib ayaa ay gabdhihii qaarkood masaajidda ku soo laaban jireen iyaga oo barooranaya oo kufsi iyo jirdil kalaba loo geystay. Sharci iyo kala dambayn la'aan fogaatay ayaa dalkii oo dhan ku habsatay, cid rumaysan in tan dhacday laga soo kabanayana ma aanay jirin. Dadkii caadiga ahaa meel ay u ciirsadaan ayaa ay garan waayeen, waxa keli ah ee ay fali kareenna waa iyaga oo inta ay gacmaha kor u taagaan Alle barya. Rejo oo dhan ayaa ka dhimatay, waxa ayna doonayeen in mar uun ay musiibadu dhaafto. Argaggaxii dadka lagu hayay inta uu ka batay ayaa ay jeclaysteen in mar uun samada dab ololayaa ka soo hoobto, dabadeedna dunida oo dhan uu dambas ka dhigo. Alle ayaa ay ka baryeen in ay caradiisu soo degto oo uu ciqaabo dhagarqabayaasha waxaa oo dhibaato ah baday. Waxa ay jeclaysteen in ciiddu dillaacdo oo ay waxa dusheeda saaran liqdo, si carrigu daahir u noqdo. Waxa ay jeclaysteen in qasriyada dhagarqabayaashu ku dekeynayaan ay ku dumaan, maadaama ay iyagu badeen in ay cayr dawarsata noqdaan.

Qalalaasihii sidiisii ayaa uu usii socday oo waliba ka sii daray. Dad badan oo aan dagaalka ku jirin, waxa ay u qaateen in collaaddu ay USC iyo dawladda oo keli ah u dhexayso, waxayna rejaynayeen in ay degdeg u dhammaato. Sidaa awgeed, guryahoodii ayaa ay ku sii negaadeen. Hase ahaatee, markii dagaalkii weji qabiil la isku raadsanayo yeeshay, shacabkii aan waxba galabsan ayaa xadgudubyo ba'an loo geystay, dabadeedna waxa ay bilaabeen in ay ku soo qulqulaan hadba aagagga magaalada ee tolkood gacanta ku hayo. Dadkaasi waxa ay soo sheegeen warar naxdin leh oo ay ka hayeen aagaggii ay ka soo qaxeen. Badankoodu waxa ay ka soo qaxeen dhanka magaalada ay ka haysteen malleeshiyada USC, meelahaa oo ay ka soo sheegeen warar dhac iyo kufsi u badan. Dadkaa aan waxba galabsan ee la saxariirshay waxaa ku jiray hooyooyin iyo carruur. Sida wararka lagu sheegay, ragga badankoodii da'da hubqaadka gaaray oo aan waxba galabsan ayaa si cawaannimo ah loo laayay. Qaarkood cunaha ayaa la jaray, indhaha, dhegaha iyo dabadana walxo fiiqfiiqan ayaa lagaga muday, madaxyadana masaabiir ayaa lagaga gaawiyay. Mararka qaar, xubnaha taranka ayaa inta laga jaro afka iyo dabada loogu cufeeyay. Dumarka iyaga markii la kufsaday ayaa dhagaxyada baytariga farjiga lagaga guray.

Dadkaa badankoodu waxa ay u soo joogeen oo arkeen xigto qoysaskooda ka mid ah oo hortooda lagu kufsanayo, ama waxaa lagu khasbay in ay falal waxashnimo ah ka qaybqaataan, si ay u badbaadaan. Waxaa maragmaddoonto ahayd in dhinacyada diririyaa ay dambiyadaa foosha xun ku kaceen, si ay colaadda iyo nacaybka qabiilooyinka dhex yaal u sii cariyaan. Dhinacyadii is-haystay ee hankoodu ahaa in ay qabsadaan ama ku dhegganaadaan xukunka iyo dawladnimada Soomaaliya, midkoodna ma doonayn heshiis iyo nabad toona.

Dawladda taladu faraheeda ayaa ay ka sii baxaysay, waxa ayna u dagaallamaysay sii jiritaankeeda oo keli ah. Xaalkeedu waxa uu ahaa *nin daad qaaday xumbo cuskay.* Talisku waxa uu isku deyay in uu hadba tallaabo malaggeed galay ku dhaqaaqo. Guddiyadii ay dawladdu hore u dhistay in ay colaadda xal u helaan, ma aanay awoodin in ay xal la taaban karo ka gaaraan dhibaatada. Mar kale ayaa ay dawladdu haddana halhaleel ku magacawday guddi kale oo magacyadooda shacabka laga qariyay. Waxaa la isla dhex marayay in xubnaha guddiga ay ku jiraan dad muhiim ah oo ka soo jeeda badanka qabiilooyinka waaweyn ee Soomaalida, madax hore dawladda uga hawlgabay, wasiirro, iyo saraakiil sare oo millateriga ka tirsan. Guddiga cusub waxaa lagu wargeliyay in ay maalinta xigta isugu yimaaddaan xarunta Golaha Shacabka. Cidna ma ay sheegi karin waxa Madaxweynuhu damacsan yahay.

Duhurkii mar ay ahayd ayaa waxaan la kulmay rag tolkay ah oo iga codsaday in aan u raaco kulan tolku leeyahay oo ka dhacaya guriga nin ka mid ahaa siyaasiyiinta tolka ee caanka ah isla markaana ahaa nin dadku ka dambeeyo— Khaliif Baaddiye. Dhawr jago oo muhiim ahaa ayaa uu ka soo kala qabtay dawladdii rayidka ahayd ee 1960−1969 iyo middii Kacaanka. Taliska ayaa sannado ka hor shaqada uga fariisiyay sabab aan la sheegin. Markii dagaalladu magaalada ka bilowdeen, waxa uu u guuray mid ka mid ah guryihiisa oo ku yiil xaafadda Booli Qaran ee Degmada Madiina.

Waxa aan xiisaynayay in aan ogaado qorshaha iyo halka tolkay siyaasad ahaan ka taagan yahay colaadaha taagan. Waxa aannu soo gaarnay illinka gurigii aannu u soconnay, halkaa oo aannu ku kulannay dad badan oo tolka ah. Waayadii hore illinkaa waardiyayaal hubaysan ayaa joogi jiray, waxaana la soo dhaafin jiray oo keli ah dadka qoyska dhow ka tirsan, saraakiisha sare ee dawladda, iyo ganacsatada maalqabeenka ah. Layaabkeeda lehe, maanta illinku waa ballaqnaa, qof walbana waa uu soo geli karay! Si xushmad leh ayaa ay noogu sii gudbiyeen bannaan dambe oo gurigu lahaa, si maamuus lehna u soo dhoweeyeen xataa dadkii danyarta tolka ahaa. Qof walba meel uu fariisto ama istaago ayaa loo diyaarshay. Waxaa igu soo dhacday in sinnaanta tolka oo dhan loo muujiyay ay tahay faa'iidooyinka ka dhashay colaadda taagan. Maanta oo madaxyaweyntii iyo qaafadii talo ka murugsan tahay, dhammaan waa la siman yahay. Malaha, sinnaanta iyo xushmadda maanta la isu muujinayo galabta oo keli ah looma baahnayn ee mar walba in ay sidaa ahaato ayaa ay ahayd!

Meel gees ah ayaan fariistay oo aan dadkii meesha isugu yimid indha-indheeyay.

Dhan ka mid ah hooska la fadhiyo waxaa ka soo jeeda saraakiishii dawladda iyo taageerayaashooda oo ay ku jiraan wasiirro iyo qaar ka mid ah duqayda tolka. Wasiir Madaxweynuhu soddog u ahaa ayaa horwadeen u ah. Dhanka kale waxaa ka soo jeeda mucaaradka dawladda. Kooxdan waxaa ka mid ahaa dhawr qof oo aad loo yaqaannay, horana dawladda xilal sare uga soo qabtay se waa dambe shaqooyinkii laga fariisiyay. Mudane Axmad, sarkaal sare oo hore u haysan jiray Waaxda Jeelasha (Ciidanka Asluubta) ayaa kooxdan afhayeen u ahaa. Dadweynaha tolka goobjoogga ah intiisa kale, oo isugu jiray dabaqadaha dhexe iyo hoose ee bulshadu, waxa ay istaageen hadba meeshii ay boos ka heli kareen. Wax dumar ahi shirka ma fadhiyin, waxa ayse sida wax u socdaan ka khaawisayeen daldaloolka ilaxirrada halka aannu fadhinnay. Mararka qaarkood, waxa ay habaar iyo cay u miisayeen ragga tolka midnimadiisa iyo difaaca sharaftiisa ka gaabiyay.

Hadalka oo dhan waxaa isku koobay labada kooxood ee iska soo horjeeda. Intayada kale waa aannu iska fiirsanaynnay uun oo ku 'raaxaysanaynnay' dagaalka madaxyaweynta ka dhex aloosan. Wasiirka hoggaaminayay 'kooxda dawladda' ayaa hadalka ku hor maray, waxaana uu yiri, "Salaanta Islaamka ayaan idin ku salaamayaa! Waxaa kale oo aan salaan iyo farriin idiin ka sidaa Madaxweynaha iyo Axmad." Xoogaa ayaa uu hakaday oo haddana hadalkii sii waday, "Waxa aad la socotaan dagaalka uu cadawgeennu kula jiro Kacaanka Barakaysan oo ay ku doonayaan in ay ku burburiyaan guulihii iyo waxqabadkii Kacaanka. Cadawgeenna waxaa taageera quwado seeflabbood shisheeye ah iyo cadawga ummadda Soomaaliyeed."

Dadweynihii korjoogtada ahaa ayaa bilaabay gunuunuc ay hadalka ninka kaga biyadiidsan yihiin. Wasiirkii xoogaa ayaa uu aammusay oo mar kale hadalkiisii sii watay, "Walaalayaal, Madaxweynaha iyo Axmadba aad ayay idiin ka mahadnaqayaan taageeradiinnii hore. Hase yeeshee, dawladdu maanta ayay ugu baahi badan tahay taageeradiinna. Waxaannu u baahan nahay taageeradiinna xilligan kalaguurka taariikheed ah, si aannu u difaacno guulihii uu gaaray Kacaanka Barakaysani…"

Mudane Axmad oo ah afhayeenka mucaaradka ayaa hadalkii ka soo dhex galay intii aanu Wasiirku dhammaysan. "Kama aannu mid nihin kacaankaaga. Adiga iyo Soddoggaa kacaankiinna weeye e kaayaga ma aha, difaaciisuna waa kugu keligaa! Ma waxaad doonaysaa in tolkayo uu dhallinyaradiisa badbaadinta kacaankaaga u sadaqeeyo? Horta ma iswayddiisay waxa kacaanku tolkayo u qabtay labaatan iyo dheeraadkii sannadood ee uu talada dalka haystay tolkuna ay difaaciisa intaa dhiiggooda u shubayeen? Waxa aad tiri…."

Qof ayaa ka dhex hadlay dhankii mucaaradka dawladdu fadhiyeen, "Mudane Axmad! Daa Wasiirku hadalkiisa ha dhammaystee!"

Haddii ay waayadii hore ee Kacaanka ahaan lahayd, Mudane Axmad in uu guulihii kacaanka dood ka keenay darteed ayaa toogasho loogu xukumi lahaa.

Wasiirkii ayaa hadalkiisii sii watay oo isaga oo codkiisa

dareen iyo daal laga dareemayo yiri, "Wixii hore u dhacayba, imminka isku doonni ayaynnu saaran nahay! Cadawgu inna kala sooci maayo oo wuxuu isku dayayaa in uu dhammaantayo inna baabi'iyo." Wasiirkii xoogaa ayuu haddana hakaday oo dadweynihii isha mariyay. Markaa ayaa uu cod beerlaxawsi u dhow ku yiri, "Waa dhab in aad waagii hore taageerteen Kacaanka Barakaysan, waanna idin kaga mahadcelinaynnaa, laakiin Kacaanku maanta weli taageeradiinna ayuu u baahan yahay. Waa in aad meel fog wax ka eegtaan. Waxa aan idin ka ballanqaadayaa in gefafkii iyo dacdarradii hore ee dhacay la saxo marka qalalaasaha taagan laga baxo."

Qof kooxda dawladda ka soo horjeedda ka tirsan ayaa ku dhawaaqay, "Kacaanku ha isdifaaco isagu! Dadkii Kacaanka naasnuujinta ku haysan jiray ha difaacdaan maanta! Ma waxaad doonaysaa in dhallinyaradeenna masaakiinta ahi adiga kuu dhintaan? Hore ayay rag badan oo tolkayo ahi adiga dartaa macne la'aan ugu go'een." Haddana qof kale ayaa Wasiirka wayddiiyay, "Ma hadda ayaad ku baraarugtay in qabiilkayagu jiro? Hore ayaannu dhib uga soo daalnay, kuwa aad 'cadawga kacaanka' ku sheegaysana tii aad na baddeen mid ka xun ka filan maynno. Weli waxa aannu dhab u rumaysan nahay in ay xoreeyayaashayada yihiin ee aanay cadawgayo ahayn!"

Dooddaa adag ayaa waxa ay socotay in labo saacadood ka badan. Ugu dambayntii, afhayeennada labada dhinacba waa ay caroodeen oo muran iyo qaylo isdhaafsadeen. Halkaa ayaa uu shirkii ku kala daatay oo iyada oo aan waxba la isku af garan ku dhammaaday!

Markii raggii Kacaanka ugu awoodda badnaa ay si quus

leh gargaar uga baryeen shacabkii caadiga masaakiinta ahaa, waxaa caddaatay in taliska dawladdan ay u dhammaatay. Isla mar ahaantaa, xaqiiqada ololihii USC ee barakicinta Daaroodku waxa ay bannaanka u soo bixi doontaa oo dadku ku baraarugi doonaa uun marka Madaxweynuhu meesha ka baxo. Warka dalka oo dhan ka imanayay waxa uu ahaa mid niyadxumo leh oo lagu wareerayo. Markii ciidankii qaranka iyo laamihii nabadsugiddu kala daateen, kooxo mooryaan degaameed ah oo qayb dadweynaha degaanka ka mid ahi taageerayaan ayaa isku dayday in ay qabsadaan xarumaha dawladda, iyaga oo si xagjirnimo leh u mucaaradaya ama u taageeraya taliska sii liicaya iyo tacaddiyada dabaakhtanka qabiil ah ee USC, SSDF, iyo SNM.

Xaalka dalku meel xun ayaa uu gaaray imminka. Cidina ma ay diiwaangelinayn boqollaalka qof ee iyaga oo aan waxba galabsan la laayay. Intii dil ka badbaadday wixii ay ku noolaayeen oo dhan ayaa ay waayeen, waxa ayna noqdeen cayr iyaguna markooda geeri xil leh sugaya. Burburkii halkaa ayaa uu kala joogsi la'aan uga sii socday, iyada oo rejo nabadeed aanay sinaba ifafaalaheedu u muuqan. Wakiilladii beesha caalamku dalka waa ay ka baxeen, duqaydii isku dayayay in ay dhinacyada dagaallamaya dhexdhexaadiyaanna aayar ayaa ay meesha uga siibteen. Mucaaradka iyo taliska dawladdu waxa ay isku hayeen dagaal kharaar oo isdhuuntaabasho ahaa, iyaga oo midkoodna aanu maskax u lahayn fikrad kale oo aan ahayn in uu Soomaaliya keligii xukumo—wixii ka dhacayaa ha ka dhacaane!

***

Labaatan sannadood oo shaqo adag ahaa dabadood, wax walba oo aan gaaray waan waayay. Kaaga darane, waxa aan shisheeye ku noqday gudaha dalkaygii iyo magaalamadaxdii aan qoyskayga oo dhan ku dhaqday oo ku koriyay, ee walaalkay iyo wiilkiisii, abtigay, iyo gabadhii aan abtiga u ahaa lagu laayay ee maydkoodii aan weli la aasin!

Waxa aan go'aansaday in aan meesha ka kaxeeyo hooyaday iyo qoyskayga intiisii kale, oo inta aan Muqdisho isaga huleelo carruurtaydii Kismaayo kaga dabo tago. Waa magaalo aanan hore u tegin oo aanan cidna ka garanayn! Wax aan nolosha ku debbero ama qoyskayga ku dhaqdo oo carruurta ku korsado ma aanan haysan. Alle ayaan talasaartay, intii yarayd ee aannu hanti haysannayna waa aannu xirxirannay. Waa aan ogaa in aanay fududaan doonin ku soo laabashada Muqdisho.

Qofkii lacag haysta dhib kuma ahayn in uu gaadiid helo. Gaadiidkii dadweynaha ee laga ganacsan jiray iyo baabuurtii faraha badnayd ee la soo bililiqaystayba waa ay tubnaayeen, iyaga oo u diyaar ah kiro oo ay dadka qaxaya magaalada ka raraan. Subixii xigay ayaan gaari xammuul ah kula heshiiyay in uu Muqdisho naga saaro, annaga oo habeenkaa xilli hore seexannay, si aannu waabberiga u dhaqaajinno.

Dugsi ma leh qabyaaladi waxay dumiso mooyaane.

— Cabdillaahi suldaan timacadde

Duufaan madow baa qabsaday degelladeenniiye
Madaafiicda beelaha dammirtay looma aad dayine
Dariiqyada waxaan kaga dusnaa Daa'inoow magane
Nin waliba halkii dani dhigtaan kaga dareerraaye
Sidii maydka loo duugi jirey haatan laga daaye
Iilkii daboollaa ma jiro ama dahaarraaye
Naf baa diidday luxudkoo god baan dalaq ku siinnaaye
Afkaan ciidda kaga daadinnaa kana dareerraaye

— Abshir bacadle

Allow yaa duruufahan ad-adag deban ka sheekeeya
Allow yaa dagaalladan ahliga delig ka tuuryeeya
Allow yaa dakanada iyo fidnada delig ka tuuryeeya
Allow yaa dadkii wada dhashoo laysu dacareeyey
Allow yaa Ilaahay dartii dib u heshiisiiya
Allow yaa mar kale daawada deris wanaaggooda

— ABSHIR BACADLE

Afartaa qabiil nimuu dishoo dudaya haw sheegin
Danta guud nimaan eeginoo doqona haw sheegin
Murti nimaan da'deed gaarin iyo ducafo haw sheegin
Nimaan dhiigga daadanahayaa damaqin haw sheegin
Afar-jeeble deyn hore cunoo dabacsan haw sheegin

— ABSHIR BACADLE

KU SAABSAN QORAAGA

Mudane Yuusuf Maxamad Xayd waxa uu sannadkii 1947 ku dhashay degaanka Hawd, meel u dhow magaalada Wardheer. Waxbarashadiisii dugsiga hoose iyo sare waxa uu ku kala qaatay Harar iyo Adis Ababa. Sannadkii 1970 ayaa uu u guuray magaalada Muqdisho. Waxa uu shahaadada koowaad ee jaamacadda ku takhasusay taariikhda iyo afka Ingiriisiga, heerka labaadna Daraasaadka Afrikaanka ayaa uu ku takhasusay. Waxaa kale oo uu qaatay shahaadooyin iyo dibloomooyin badan oo uu ku mutaystay saxaafadda, waxbarashada, daraasaadka horumarineed, iyo xiriirka caalamiga ah, kuwaa oo uu ka kala qaatay Jaamacadda Ummada Soomaaliyeed, Jaamacadda Princeton, Jaamacadda London (SOAS), Jaamacadda Missouri St. Louis, iyo Jaamacadda Harris Stowe State ee St. Louis.

Soomaaliya waxa uu ku shaqeeyay xirfado kala duwan oo ay ka mid yihiin macallinnimo, manhaj diyaariye, Agaasimaha guud ee Radio Muqdisho, Agaasimaha Telefeshinka Qaranka Soomaaliyeed, iyo Agaasimaha Qorshaynta iyo Tababbarrada ee Wasaaradda Warfaafinta Soomaaliyeed. Waxa uu Daraasaadka Afrikaanka ka dhigay Akadeemiyada Sayid Maxamad Cabdille Xasan ee Muqdisho.

Maraykanka waxa uu St. Louis Public Schools ka ahaa macallin soo saara manhajka ardayda laba-luqadlayaasha ah, waxaa kale oo uu casharro la xiriira Warbaahinta Caamka ah ka dhigi jiray Jaamacadda Webster ee St. Louis.

www.ingramcontent.com/pod-product-compliance
Lightning Source LLC
Chambersburg PA
CBHW061422160726
47995CB00003B/712